Bertolt Brecht

Leben des Galilei

Interpretation von
Wolfgang Hallet

Oldenbourg

Die Seitenzahlen in Klammern beziehen sich auf die Einzelausgabe: Bertolt Brecht: Leben des Galilei. Schauspiel. Frankfurt am Main ^{50}1994 (= edition suhrkamp 1)

CIP-Titelaufnahme der Deutschen Bibliothek

Hallet, Wolfgang:
Bertolt Brecht, Leben des Galilei :
Interpretationen / von Wolfgang Hallet. – 1. Aufl. – München :
Oldenbourg, 1991
(Oldenbourg-Interpretationen ; Bd. 51)
ISBN 3-486-88650-9
NE: GT

1. Auflage 1991
Unveränderter Nachdruck 99
Die letzte Ziffer bezeichnet das Jahr des Drucks.

Lektorat: Ruth Bornefeld
Herstellung: Karina Hack
Umschlaggestaltung: Klaus Hentschke
Gesamtherstellung: Wagner GmbH, Nördlingen

ISBN: 3-486-88650-9

Für Christa und Alexander

Inhalt

1
Vorbemerkung

> Daran erkennt man, wie groß die Macht der Wahrheit ist, daß dieselbe Erfahrung, die im ersten Hinsehen eine bestimmte Deutung nahelegt, bei genauerer Betrachtung uns der gegenteiligen Deutung versichert.
>
> (Galilei, *Discorsi*)

Die Arbeit an der vorliegenden Interpretation fiel zu einem nicht geringen Teil in die Phase jener revolutionären Umwälzungen, die in den Ländern des ehemaligen Ostblocks die parteidiktatorischen und stalinistischen Apparate auf weitestgehend friedliche Weise durch demokratisch verfaßte Strukturen ersetzten und dort jene Aufbruchstimmung erzeugten, die solchen Epochen eigen ist: „Die neue Zeit, das war etwas und ist etwas, was alles betrifft, nichts unverändert läßt [...]. Geliebt wird das Anfangsgefühl, die Pioniersituation, begeisternd wirkt die Haltung des Beginners. Geliebt wird das Glückgefühl derer, die eine neue Maschine ölen, bevor sie ihre Kraft zeigen soll, derer, die in eine alte Landkarte einen weißen Fleck ausfüllen, derer, die den Grund eines neuen Hauses ausheben, ihres Hauses." (GW 17, S. 1103 f.)[1]. So schrieb es Brecht 1939 in seinem Vorwort zu *Leben des Galilei.* Es liegt eine Ironie der Geschichte darin, daß nun „die Überzeugung, an der Schwelle einer neuen Zeit zu stehen" (GW 17, S. 1103), gerade jene Menschen erfaßt, die das historische Projekt des Sozialismus als erledigt betrachten, ein Projekt, mit dem Brecht den Begriff der neuen Zeit identifizierte und in das er nicht eben geringe Hoffnungen setzte.

Freilich, Brecht wäre nicht Brecht, hätte er nicht noch im gleichen Vorwort mitbedacht, daß die Geschichte zuweilen die Bedeutung der Begriffe in ihr Gegenteil verkehren kann, ähnlich, wie es ihm ab und an mit seinem *Galilei* erging: er wurde „als eine ehrenrettung des opportunismus aufgefaßt" (AJ 7.1.1948, S. 506), die Berliner Inszenierung als versteckte Anklage gegen den Obrigkeitsstaat DDR ausgelegt. Brecht konnte seine eigene Berliner Inszenierung nicht mehr miterleben, aber er beobachtete solche, auch mögliche Wirkungen seiner Texte aufmerksam; und mit seiner wiederholten Bearbeitung des Stoffes trug er der Tatsache Rechnung, daß die Geschichte den Sinn eines Textes verändern, gar verkehren, ihn in ein anderes Licht rücken kann. Bisher nicht wahrgenommene Seiten seiner Bedeutung scheinen auf, andere gehen verloren oder klingen fremd, wieder andere erweisen sich plötzlich als ganz aktuell und zeitgemäß, so, wie der Abwurf der Atombombe die in Arbeit befindliche zweite Fassung auf einmal „in ein neues, schärferes Licht" (GW 17, S. 1106) stellte. Kurz gesagt, Texte sind nichts Abgeschlossenes, sondern Prozesse, ständig in Veränderung begriffen, und sie geben sich, wie die Geschichte, „durch ihren Prozeßcharakter selber als Phänomen der Verfremdung zu erkennen".[2] Damit sind sie zwangsläufig jenem staunenden, „fremden Blick" ausgesetzt, den Brecht an Galilei so lobte und den er zum Vorbild seiner Verfremdungstechnik nahm. Wenn die vorliegende Interpretation versucht, eine Deutung des Dramas konsequent aus dem Denken Brechts zu entwickeln, so steht das dazu nicht im Widerspruch: ein aktuelles und kritisches Verständnis des Brecht-Dramas kann nur durch die Rekonstruktion des historischen Textsinns gewährleistet werden. Der Versuch einer Deutung ohne Rücksicht auf die Distanz zwischen den Entstehungs- und den Rezeptionsbedingungen muß fehlgehen. Diese Beachtung der Geschichtlichkeit eines Textes zeigt dann, daß sein Sinn sich nicht gegen die Geschichte versichern läßt, auch nicht dadurch, daß man „einen leitartikel anhängt". (AJ 7.1.1948, S. 507)

2
Der historische Galilei

Als Galileo Galilei am 15. Februar 1564, fast 21 Jahre nach dem Tod des Nikolaus Kopernikus und drei Tage vor dem Tod Michelangelos, in Pisa geboren wurde, gab es noch keine Anzeichen dafür, daß um das neue Weltbild, das bis heute mit dem Namen des berühmten Vorgängers Galileis verbunden ist, ein nicht nur die wissenschaftliche Welt erschütternder Kampf entbrennen würde. Erst 1610, gegen Ende seiner Lehrtätigkeit an der zur Republik Venedig gehörenden Universität Padua, teilte Galilei in seiner Schrift *Sidereus Nuncius* („Sternenbote")[3] Entdeckungen mit, die einer Sensation gleichkamen: die zwanzigfache Vergrößerung des Teleskops hatte ihm nicht nur die Ähnlichkeit der Mond- mit der Erdoberfläche und die Milchstraße als eine Ansammlung unzähliger Sterne offenbart, sondern auch die Existenz von vier Jupitermonden, deren Positionen und Umläufe er genauestens festhielt. Damit war nicht nur die aristotelische Annahme von den Planeten als an Kristallschalen befestigten Himmelskörpern erschüttert, sondern auch die von Aristoteles und seiner Schule postulierte einzigartige Stellung der Erde: sie war ein Planet wie andere auch, die „Stellarisierung der Erde"[4] hatte begonnen. Noch im Dezember des gleichen Jahres 1610 wurden seine Beobachtungen von Christoph Clavius, einem der einflußreichsten Mitglieder des Collegium Romanum, bestätigt. Allerdings begann sich unter den Geistlichen und Peripatetikern Widerstand zu formieren. Fünf Jahre später wurde dann auf eine Denunziation hin vom Heiligen Offizium, der obersten Inquisitionsbehörde, ein Verfahren gegen den Mathematiker und Astronomen eingeleitet. Auch zahllose Gespräche Galileis in Rom konnten nicht verhindern, daß die angeblichen Kernsätze der kopernikanischen Lehre von den Theologen des Heiligen Offiziums als „philosophisch töricht und formal häretisch"[5] qualifiziert wurden; Galilei wurde von Kardinal Bellarmin ermahnt, seine Ansichten von der um die Sonne rotierenden Erde aufzugeben; die Lehren des Kopernikus selbst wurden zwar nicht vom dafür zuständigen Heiligen Offizium als Häresie verboten, wohl aber wurde sein *De revolutionibus orbium coelestium* von der Kongregation am 5. März 1616 auf den Index der verbotenen Bücher gesetzt. So waren zwar Galileis Schriften nicht direkt von einem Verbot betroffen, und Kardinal Bellarmin bestätigte ihm schriftlich, daß er nicht habe widerrufen oder abschwören müssen. Aber das Verfahren hatte mit einer schweren Demütigung für den Forscher und seine Sache geendet. Neue Hoffnung schöpfte er aber, als 1623 mit Kardinal Maffeo Barberini ein weltoffener und den Wissenschaften gegenüber aufgeschlossener Mann zum Papst (Urban VIII.) gewählt wurde. Im Jahre 1624 konnte Galilei von mehreren Audienzen bei ihm den Eindruck mitnehmen, daß Barberini nichts gegen die hypothetische Beschäftigung mit dem Weltbild des Kopernikus einzuwenden haben würde.

So begann Galilei im darauffolgenden Jahr mit der schon lange geplanten Darstellung der beiden konkurrierenden Modelle der Welterklärung. Wegen der aufgrund des Dekretes zu erwartenden Schwierigkeiten wählte er die Dialogform, um die hypothetische Form der Betrachtung wahren zu können. Im *Dialogo sopra i due massimi sistemi del mondo, tolemaico e copernicano* („Dialog über die beiden hauptsächlichen Weltsysteme, das ptolemäische und das kopernikanische")[6] ließ er Salviati, den seinem Freund nachgebildeten Sagredo und den einfältigen Traditionalisten und Peripatetiker Simplicio in einem auf vier Tage verteilten Gespräch die Beweise für das kopernikanische System diskutieren. Unter Beachtung einiger Auflagen gewährte ihm Urban VIII. persönlich die Druckerlaubnis, aber bald nach dem Erscheinen des Werks wurde das Imprimatur widerrufen, und der Papst kam endlich dem Verlangen vieler Intriganten, vor allem der römischen Jesuiten, nach und leitete ein Gerichtsverfahren gegen Galilei ein. Er wurde Ende des Jahres 1632 trotz seines schlechten Gesundheitszustandes nach Rom befohlen, wo er nach längerer Wartezeit angeklagt, in Haft genommen und vor das Inquisitionsgericht gestellt wurde. Er wurde mit einem Katalog zum Teil lächerlicher Vorwürfe konfrontiert[7], vor allem aber mit einer vermutlich gefälschten Protokollnotiz aus dem Jahre 1616, die belegen sollte, daß Galilei schon damals untersagt worden war, sich überhaupt in irgendeiner Form über das kopernikanische System zu äußern.[8] Offensichtlich war seine Verurteilung von Beginn an beschlossene Sache, der *Dialogo* wurde verboten, Galilei wurde zur Kerkerhaft verurteilt und gezwungen, auf Knien, aber „mit aufrichtigem Herzen und ungeheucheltem Glauben besagte Irrtümer und

Ketzereien sowie überhaupt jeden anderen Irrtum und jeden der besagten Heiligen Kirche widersprechenden Irrtum und Sektiererglauben"[9] zu verfluchen und ihnen abzuschwören. Galileis Widerruf wurde in der gesamten katholischen Welt bekannt gemacht, er selbst war ein gebrochener Mann, der nur mühsam wieder aufgerichtet werden konnte. Schon bald erlaubte der Papst ihm auch die Rückkehr in seine Villa in Arcetri, wo er unter Hausarrest und ohne Besuch leben mußte. Allerdings war die Bewachung nicht besonders streng, so daß er auf dem Postweg wieder in wissenschaftlichen Kontakt vor allem mit dem europäischen Ausland treten konnte. Schon 1635 konnte deshalb in Straßburg eine lateinische Übersetzung des *Dialogo* erscheinen. Währenddessen arbeitete er an den *Discorsi,* in denen abermals in Dialogform „die Trägheitsbewegung, die schiefe Ebene und die Fallgesetze, die Pendelschwingungen und die Wurfparabel sowie damit verwandte Probleme unter dem einheitlichen Gesichtspunkt einer mathematischen Theorie behandelt werden."[10]

Die Schrift hatte er nur mit erheblicher Mühe fertigstellen können, da er 1637 erst auf dem linken, gegen Ende des Jahres auch auf dem rechten Auge erblindete. Für die Publizierung der Schrift hatte er aber sorgen können. Sie erschien 1638 im niederländischen Leyden mit dem Hinweis, daß die Veröffentlichung gegen den Willen des Autors erfolge. Auch nach der Erblindung setzte Galilei mit Hilfe Evangelista Torricellis und seines späteren Biographen Viviani seine Studien und seine umfangreiche Korrespondenz fort. Sein Gesundheitszustand verschlechterte sich aber zusehends. Er starb, immer noch unter Arrest, am 8. Januar 1642 in seinem Haus in Arcetri.

Erst 1835 erschien der erste Index verbotener Bücher, auf dem die Werke des Kopernikus und Keplers sowie der *Dialogo* nicht mehr verzeichnet waren. 1979 wurde Galilei in einer Gedenkrede zum 100. Geburtstag Albert Einsteins von Papst Johannes Paul II. rehabilitiert.[11]

3
Brecht und der Galilei-Stoff

Wahrscheinlich schon 1932, spätestens aber Mitte 1933 entwikkelt Bertolt Brecht die Idee, in einem „Panoptikum-Theater" die großen Prozesse der Weltgeschichte, darunter den gegen Galilei, darzustellen.[12] Er selbst befindet sich seit dem 28. Februar 1933, dem Tag nach dem Reichstagsbrand und dem Tag der Notverordnung des Reichspräsidenten, auf der Flucht vor der Gewaltherrschaft der Nationalsozialisten. Auf bedrückende Weise wird er deshalb durch die Beschäftigung mit dem Reichstagsbrand-Prozeß an den berühmten Inquisitionsprozeß des 17. Jahrhunderts erinnert.[13] Mit dem angeblichen Galilei-Ausruf „Und sie bewegt sich doch!" vergleicht der Angeklagte Dimitroff seine Richter mit den Inquisitoren, die den Sieg der Wahrheit nicht haben verhindern können. Wenn Brecht später mit dem ursprünglichen Titel des Galilei-Stücks *Die Erde bewegt sich* auf diesen Ausruf Bezug nimmt, so beweist das, daß Brechts Interesse am Galilei-Stoff kein historisches ist in dem Sinne, daß er sich für Vergangenes interessiert. Vielmehr ergibt sich seine spätere intensive, über die Jahre immer wieder aufgenommene Beschäftigung mit dieser Figur der Wissenschafts- und Geistesgeschichte aus der Auseinandersetzung mit der Gegenwart und der – auch ihn persönlich – bedrängenden aktuellen Situation der Wissenschaftler und Intellektuellen, wie es das Vorwort zur dänischen Fassung aus dem Jahre 1939 zum Ausdruck bringt:

> Es ist eben jetzt die Barbarei, die sich als die neue Zeit gebärdet. Sie sagt von sich, sie hoffe, 1000 Jahre zu dauern. Soll man sich also an die alte Zeit halten? Soll man von dem versunkenen Atlantis reden? Liege ich schon auf meinem Nachtlager und denke, an den Morgen denkend, an den, der vergangen ist, um nicht an den zu denken, der kommt? Beschäftige ich mich darum mit jener Epoche der Blüte der Künste und Wissenschaften vor 300 Jahren? Ich hoffe nicht. Die Bilder vom Morgen und der Nacht sind irreführend. Die glücklichen Zeiten kommen nicht, wie der Morgen nach durchschlafener Nacht kommt. (GW 17, S. 1105f.)

Der Zusammenhang von Brechts gleichzeitigem Interesse an Gegenwart und Vergangenheit klärt sich genauer, wenn wir – ehe die Entstehung des Stückes im einzelnen dargestellt wird – kurz die materialistische Auffassung von der Geschichte beleuchten, wie Brecht sie sich schon einige Zeit vor der Abfassung des Stükkes zu eigen machte.

3.1 Brechts materialistische Geschichtsauffassung und das „wissenschaftliche Zeitalter"

Brechts Überzeugung ist es, daß zu Beginn des 20. Jahrhunderts die Wissenschaft von der Gesellschaft gegenüber der Wissenschaft von der Natur sozusagen erheblich im Verzug ist: die Menschen sind nicht in der Lage, die Bewegungsgesetze der Gesellschaft zu erkennen, sondern sie sind ihnen blind unterworfen. Sein Galilei drückt es so aus: „Die Bewegungen der Himmelskörper sind übersichtlicher geworden; immer noch unberechenbar sind den Völkern die Bewegungen ihrer Herrscher" (125). Für die Gesellschaft muß also endlich nachgeholt werden, was für die Natur schon lange und sehr weitgehend praktiziert wird: die wissenschaftliche und empirische Untersuchung ihrer Gesetze, deren Kenntnis erst ihre Beherrschung ermöglicht. Eine solche Wissenschaft ist für Brecht wie für den Philosophen im *Messingkauf,* seiner etwa gleichzeitig mit dem *Leben des Galilei* entstandenen wichtigen theatertheoretischen Schrift (die sich in der dialogischen Form und in der Unterteilung in vier Nächte an Galileis *Discorsi* anlehnt[14]) der Marxismus: er ist „eine Wissenschaft über das gesellschaftliche Zusammenleben der Menschen. Es ist eine große Lehre über Ursache und Wirkung auf diesem Gebiet" (GW 16, S. 530). Mit Hilfe dieser Wissenschaft können die gesellschaftlichen Vorgänge ihrer „Natürlichkeit", ihrer Schicksalhaftigkeit entkleidet und in ihrer Prozeßhaftigkeit und Veränderbarkeit einsehbar werden, ein Vorgang, der von Brecht mit dem Begriff der Verfremdung belegt wird. Auch die Gegenwart wird so als Geschichte begreiflich, insofern sie als veränderbar erfahren wird, sie wird „historisiert", wie Brecht diesen Sonderfall der Verfremdung bezeichnet. Der Blick auf eine vergangene Epoche verstellt also nicht den Blick auf die Gegenwart, sondern ermöglicht ihn in wirklich historischer Perspektive.

Im „wissenschaftlichen Zeitalter" vollendet sich so auf dem Gebiet der Gesellschaft, was die neuen Wissenschaften für die

Natur schon vor einigen hundert Jahren geleistet haben. Durch ihre großen Erfindungen und Entdeckungen, durch die Anwendung neuer Maschinerien und Technologien haben sie den Menschen in die Lage versetzt, sich die Natur zu seinem Nutzen und seinem Glück zu unterwerfen. Letzlich stehen aber die – unverstandenen – gesellschaftlichen Verhältnisse einer sinnvollen und humanen Nutzung der Wissenschaften im Wege.

Wenn Brecht also das Augenmerk auf die Anfänge der Neuzeit und der neuzeitlichen Wissenschaft richtet, so deshalb, weil er hier den „neuen Blick", die „neue Denk- und Fühlweise" (GW 16, S. 668 f.) findet, die zur Einlösung des Glücksversprechens notwendig ist. Aus dieser Sicht Brechts erklärt sich die starke Affinität seiner Epoche zum Zeitalter Galileis. Deshalb auch bezieht Brecht wie selbstverständlich in seinen Schriften zum Theater einen nicht unbeachtlichen Teil seiner Kategorien, seiner Terminologie, seiner Modelle, ja sogar – wie man am Beispiel des *Messingkaufs* sieht – der Darstellungsweise aus den Naturwissenschaften und besonders aus der Physik. Mit ihren Verfahren der Induktion, der Theoriebildung und des Experimentes führt sie beispielhaft vor, was das „Theater des wissenschaftlichen Zeitalters" erst noch zu leisten hat.[15]

3.2 Die Entstehungsgeschichte des Stückes

Bevor Brechts Mitarbeiterin Margarete Steffin im November 1938 in einem Brief an Walter Benjamin zum erstenmal von der Niederschrift eines Galilei-Stückes berichten kann[16], betreibt Brecht umfangreiche Studien, um sich mit dem Stoff vertraut zu machen.[17] Wann genau Brecht mit den Entwürfen zu Teilen und Szenen des Galilei-Stückes begonnen hat, ist im einzelnen unbekannt. Es existiert eine Vielzahl von Entwürfen und Episoden, die jedoch nicht alle in die erste Fassung des Stückes übernommen wurden. Wichtiger ist, daß ziemlich exakt drei verschiedene Fassungen unterscheidbar und überliefert sind. Seit 1988 sind sie zusammen mit einigen Varianten und Szenenfragmenten aus früheren Entwurfsstufen durch die „Große kommentierte Berliner und Frankfurter Ausgabe" zum erstenmal allgemein zugänglich.[18]

3.2.1
Die Fassung 1938/39 (Dänische Fassung): „Die Erde bewegt sich“ / „Leben des Galilei“

Auf umfangreiche Vorarbeiten und Quellenstudien Brechts deutet die ungewöhnlich kurze Frist hin, innerhalb derer er das Stück unter dem ursprünglichen Titel *Die Erde bewegt sich* niederschrieb. Am 23. November 1938 notiert er in seinem Arbeitsjournal: „*Das Leben des Galilei* abgeschlossen. brauchte dazu drei wochen. die einzigen schwierigkeiten bereitete die letzte szene“ (AJ 23.11.1938, S. 27), welche die 13. Szene der ersten Niederschrift ist und der 15. der letzten Fassung entspricht, in der Andrea die *Discorsi* über die Grenze schmuggelt.[19] Noch 1938 entsteht eine weitere, nunmehr 14 Szenen enthaltende Fassung, die den Titel *Leben des Galilei / Schauspiel* trägt. Ein weiteres Mal überarbeitet Brecht das Stück im Frühjahr 1939. In die große Rede Galileis über die Verantwortung des Wissenschaftlers in der letzten Begegnung mit Andrea fügt er jetzt positiv wertende Anspielungen auf die soeben geglückte Kernspaltung ein:

> Während an einigen Orten die größten Entdeckungen gemacht werden, welche die Glücksgüter der Menschen unermeßlich vermehren müssen, liegen sehr große Teile dieser Welt ganz im Dunkel. Die Finsternis hat dort sogar noch zugenommen! (W 5, S. 106)

Die Datierung dieser erst 1939 eingeschobenen Zeilen belegt also, daß Brecht das Stück n i c h t, wie immer wieder angenommen wird, unter dem Eindruck der gelungenen Kernspaltung niedergeschrieben hat.[20]

Die zentrale Frage der dänischen Fassung, die Brecht seit der Machtergreifung des Nationalsozialismus beschäftigt, ist die, wie die Wahrheit unter den Bedingungen der Gewaltherrschaft, der Unterdrückung und der Verfolgung überleben und zur Geltung gebracht werden kann. Die Parabel vom griechischen Philosophen Keunos, mit der Galilei in der Sonnenfleckenszene (die 8. Szene der dänischen und die 9. der Berliner Fassung) sein Schweigen rechtfertigt (W5, S. 72f.)[21], läuft darauf hinaus, daß sich die Wahrheit eine Zeitlang der Gewalt beugen muß und erst, wenn ihre Zeit gekommen ist, um so nachdrücklicher ihr „Nein“ verkünden kann. Auch in der 13. Szene (sie entspricht der 14. der letzten Fassung) treffen wir einen Galilei an, der sich unter den

Bedingungen der Haft und der ständigen Bewachung als illegaler Widerstandskämpfer betätigt, noch seine nachlassende Sehkraft listig zur Täuschung benutzt, seine *Discorsi* verfaßt und seine Bücher und Manuskripte herausschmuggelt und verbreitet. So kann er Vorbild sein für die Wissenschaftler und Intellektuellen in Deutschland und ihnen die Zuversicht geben, daß die Vernunft trotz ihrer zeitweiligen Unterdrückung Bestand hat:

> Selbst ein Mensch wie ich kann ja noch sehen, daß die Vernunft nicht am Ende ist, sondern am Anfang. Ich bleibe auch dabei, daß dies eine neue Zeit ist. Sollte sie aussehen wie eine blutbeschmierte alte Vettel, dann sähe eben eine neue Zeit so aus! Der Einbruch des Lichts erfolgt in die allertiefste Dunkelheit. (W 5, S. 106)

Schon in der dänischen Fassung aber unterschlägt Brecht nicht den Preis, den Galilei nach seinem Widerruf für die Verbreitung der Wahrheit zu zahlen hat: indem er es versäumt hat, für die Achtung der Wissenschaft auf allen Gebieten, für die uneingeschränkte Herrschaft der Vernunft einzutreten, indem er sich selbst zum Lügner gemacht hat, hat er die Wahrheit der Autorität beraubt. Deshalb bleibt ihm im Anschluß an die große Selbstanklage wegen dieses Fehlverhaltens nur die Selbstverurteilung:

> Die Wissenschaft kann Menschen, die es versäumen, für die Vernunft einzutreten, nicht brauchen. Sie muß sie mit Schande davonjagen. Denn sie mag so viele Wahrheiten wie immer wissen, in einer Welt der Lüge hätte sie keinen Bestand. Wenn die Hand, die sie füttert, ihr gelegentlich und ohne Warnung an die Gurgel greift, wird die Menschheit sie abhauen müssen. Das ist der Grund, warum die Wissenschaft einen Menschen wie mich nicht in ihren Reihen dulden kann. (W 5, S. 102)

Eine mögliche Entschuldigung, wie sie Andrea im Sinne der Volkslegende vom listig widerrufenden Galilei anbietet, weist Galilei barsch zurück. Am Ende der Szene 13, als Galilei Andrea mit dem ihm listig zugespielten Manuskript der *Discorsi* entläßt, stehen deshalb die Verbreitung der Wahrheit und die moralische Verurteilung ihres Trägers, das Überleben der Wissenschaft und die Verbannung des Wissenschaftlers aus ihren Reihen in ihrer ganzen Widersprüchlichkeit nebeneinander. Wieder verweist Brecht damit auf seine unmittelbare Gegenwart; wie das Drama kann auch die Wirklichkeit keine Helden gebrauchen: „Mut beweist sich nicht in Widerstand um jeden Preis, sondern in der Suche nach einem gangbaren Weg"[22], der – das ist die Moral der ersten Fassung – weder geradlinig noch widerspruchsfrei verlaufen kann.

3.2.2
Die Fassung 1947 (Amerikanische Fassung): „Galileo"

Nach seiner Übersiedlung nach Kalifornien beschäftigt sich Brecht erst 1944 wieder eingehender mit seinem Physiker-Drama. Brecht beurteilt jetzt das Verhalten Galileis im Unterschied zu 1938/39 negativer und weniger nachsichtig:

> nun höre ich mit unwillen, ich hätte es für richtig gehalten, daß er öffentlich widerrufen hat, um insgeheim seine arbeit fortsetzen zu können. das ist zu flach und zu billig. g[alilei] zerstörte schließlich nicht nur sich als person, sondern auch den wertvollsten teil seiner wissenschaftlichen arbeit. (AJ 6.4.1944, S. 411)

Diese Klarstellung deutet einerseits eine möglicherweise mißverständliche Moral der ersten Fassung an, vor allem aber weist sie auf die veränderten Umstände hin, in die Brecht das Stück nun gestellt sieht. Die nach dem Widerruf fortgesetzte wissenschaftliche Tätigkeit Galileis erscheint Brecht nunmehr als lasterhaft und verkommen:

> eigentlich fällt er zweimal. das erste mal, wenn er der lebensgefahr wegen die wahrheit verschweigt oder widerruft, das zweite mal, wenn er sie trotz der lebensgefahr wieder sucht und verbreitet. (AJ 6.4.1944, S. 411)

Mit diesem Verdikt ist die Frage nach dem gesellschaftlichen Zusammenhang der wissenschaftlichen Tätigkeit und der Verantwortung des Wissenschaftlers in den Mittelpunkt des Stückes gerückt. Gewiß reflektiert diese neue Sicht die enttäuschte Hoffnung Brechts, die Wissenschaftler und Techniker möchten mit List und Mut die Absichten des nationalsozialistischen Unrechtsregimes unterlaufen. Statt dessen muß er beobachten, wie viele Wissenschaftler in Deutschland ihre Fähigkeiten und Kenntnisse in den Dienst einer barbarischen Eroberungspolitik stellen oder gar nicht erst danach fragen, was mit ihren Forschungsergebnissen geschieht.[23]

Die amerikanische Neufassung des Stückes geht aus einer Zusammenarbeit mit dem renommierten Schauspieler Charles Laughton hervor, mit dem Brecht die Übersetzung ins Amerikanische im Spiel erprobt. Die Arbeiten an der neuen Fassung sind weit gediehen und die entscheidenden Änderungen schon vorgenommen, als Anfang August 1945 die ersten Atombomben auf Hiroshima und Nagasaki fallen, die der neuen Konzeption des Stückes auf einmal besondere Brisanz und Aktualität verleihen:

> Das „atomarische Zeitalter“ machte sein Debüt in Hiroshima in der Mitte unserer Arbeit. Von heute auf morgen las sich die Biographie des Begründers der neuen Physik anders. Der infernalische Effekt der Großen Bombe stellte den Konflikt des Galilei mit der Obrigkeit seiner Zeit in ein neues, schärferes Licht. Wir hatten nur wenige Änderungen zu machen, keine einzige in der Struktur. (GW 17, S. 1106)

Am 1. Dezember 1945 ist der *Galileo,* wie das Stück jetzt heißt, abgeschlossen. Bemühungen um eine Aufführung in New York sind nicht von Erfolg gekrönt, so daß die Erstaufführung des *Galileo* schließlich unter der Regie von Joseph Losey und Brecht mit Laughton als Hauptdarsteller am 30. Juli 1947 im kleinen Coronet Theatre in Beverly Hills stattfindet.

Aus der Sonnenfleckenszene hat Brecht nunmehr die Keunos-Parabel entfernt, so daß Galileis Schweigen keine ausdrückliche Rechtfertigung mehr erfährt. Die Profilierung der neuen Ludovico-Figur als Sprößling eines alteingesessenen Adelsgeschlechts und Repräsentant des herrschenden Feudaladels gibt Brecht die Möglichkeit, Galilei in der Auseinandersetzung mit diesem als Wissenschaftler des Volkes zu entwickeln, an dem er dann durch seinen Widerruf Verrat übt.

Entscheidende Veränderungen gegenüber der ersten Fassung des Dramas erfährt auch die 13. Szene, die in der amerikanischen Fassung die Schlußszene ist und Galilei als Gefangenen der Inquisition zeigt (die 14. Szene der letzten Fassung). Galileis Weiterarbeit an den *Discorsi* ist jetzt nicht mehr als kämpferisch-konspirative Arbeit gezeigt, sondern als Rückfall in eine alte Krankheit, ein von der Obrigkeit geduldetes Laster. In einer unnachsichtigen Selbstanalyse entwickelt Galilei sein historisches Versäumnis, das Volk nicht in einen siegreichen Kampf gegen seine Unterdrücker geführt zu haben:

> As a scientist I had an almost unique opportunity. In my day astronomy emerged into the market-places. At that particular time, had one man put up a fight, it would have had wide repercussions. I have formed the opinion, Sarti, that I was never in real danger; for some years I was as strong as the authorities, and I surrendered my knowledge to the powers that be, to use it, abuse it, just as it suits their ends. I have betrayed my profession. (W 5, S. 180)

Der Verrat an der eigenen Profession ist also gleichbedeutend mit der Herauslösung der Wissenschaft aus ihrem sozialen Zusammenhang und der Übergabe des Wissens an die Herrschenden („the powers that be") zu ihrer freien Disposition („just as it suits their ends"). In der Herausbildung einer „Spezialwissenschaft", die nur noch an ihren eigenen Ergebnissen, nicht aber an den sozialen und politischen Zusammenhängen ihrer Verwertung interessiert ist, erblickt Brecht mit dem Galilei des großen Schlußmonologs „die ‚Erbsünde' der modernen Naturwissenschaften" (GW 17, S. 1109):

> You may in time discover all there is to be discovered, but if you yield to coercion your progress must be a progress away from the bulk of humanity. The gulf between you and humanity might even grow so wide that the sound of your cheering at some new achievement could be echoed by a universal howl of horror. (W 5, S. 180)[24]

Die Zündung der Atombombe, auf die hier angespielt wird, ist für Brecht „sowohl als technisches als auch soziales Phänomen das klassische Endprodukt seiner [Galileis – W.H.] wissenschaftlichen Leistung und seines sozialen Versagens" (GW 17, S. 1109). Im amerikanischen *Galileo* gestaltet Brecht also eine eindringliche Mahnung an seine Zeitgenossen, vor allen anderen aber an die Physiker und Wissenschaftler, die ethische Fundierung ihres Tuns gründlich zu bedenken, damit die Folgen nicht tödlich für die Menschheit sind.

3.2.3
Die Fassung 1955/56 (Berliner Fassung): „Leben des Galilei"

Nach seiner Rückkehr nach Europa läßt sich Brecht zunächst in Zürich nieder, wo er bald erneut mit der Arbeit am *Galilei* beginnt. Offenbar hat er das Stück schon früh für eine eigene Produktion im Zusammenhang mit dem ihm notwendig erscheinenden „Wiederaufbau des deutschen Theaters"[25] ins Auge gefaßt. Ende 1948 zieht Brecht sein Physiker-Drama für eine baldige Inszenierung in Berlin in Erwägung[26], aber erst 1953 nimmt das Projekt konkretere Formen an. Unter Mitwirkung von Benno Besson und Elisabeth Hauptmann entsteht auf der Grundlage von Brechts eigener Rückübertragung aus dem Amerikanischen, der dänischen Fassung sowie deutschsprachiger Entwürfe zum *Galileo* eine zuerst in der Reihe *Versuche* 1955 erschienene Fassung, die jetzt wieder die Pestszene sowie die ursprüngliche Schlußszene (*Discorsi*-Schmuggel) und damit 15 Szenen enthält. Diese beiden Szenen fehlen allerdings in der Produktion des Berliner Ensembles mit Ernst Busch in der Hauptrolle. Bis zu seiner Erkrankung leitet Brecht die Proben zu dieser Aufführung selbst, dann werden sie von Erich Engel ab März 1956 bis zur Premiere am 15. Januar 1957 fortgeführt.[27]

An Aktualität hat das Stück auch nach dem Ende des Weltkrieges und in den Jahren danach keineswegs verloren. Im Gegenteil: der Abwurf der ersten Atombomben hat bei den an der Herstellung beteiligten Wissenschaftlern, aber auch bei anderen Intellektuellen Entsetzen augelöst. Brecht selbst schildert im Jahre 1947 die Folgen so:

> Der Tag des Abwurfs wird jedem, der ihn in den Staaten erlebt hat, schwer vergeßlich sein. [...] Als die ersten Blättermeldungen Los Angeles erreichten, wußte man, daß dies das Ende des gefürchteten Krieges, die Rückkehr der Söhne und Brüder bedeutete. Aber die große Stadt erhob sich zu einer erstaunlichen Trauer. Der Stückschreiber hörte Autobusschaffner und Verkäuferinnen in den Obstmärkten nur Schrecken äußern. Es war der Sieg, aber es war die Schmach einer Niederlage. (GW 17, S. 1107f.)

So ist der Abwurf der Atombomben nicht das Ende des Schreckens, sondern gewissermaßen der Beginn eines viel größeren. Denn mit der im September 1949 gelungenen Zündung einer Atombombe in der Sowjetunion beginnt der nukleare Rüstungswettlauf, dessen nächste Stufe der Bau der Wasserstoffbombe zunächst in den USA, dann in der Sowjetunion darstellt. Viele Wissenschaftler und Intellektuelle, unter ihnen Albert Einstein, erheben warnend ihre Stimme und fordern, auf Bau oder Ersteinsatz der neuen Waffe zu verzichten. Auch die Todesurteile gegen

Ethel und Julius Rosenberg wegen Geheimnisverrats und das inquisitorische Verfahren gegen Robert J. Oppenheimer in den USA[28] stellen die Frage nach dem Verhältnis von Wissenschaft und Gesellschaft nicht nur schärfer denn je, sondern die Beantwortung ist auch in ihren Folgen unabsehbar wie nie zuvor. Die neue Waffe birgt ein globales Vernichtungspotential, das eine existentielle Bedrohung der gesamten Menschheit darstellt. Im Jahre 1954 äußert sich Brecht mit einiger Weitsicht entsetzt darüber,

> daß ein Krieg schon nicht mehr nötig ist, die Welt zu vernichten: Durch die Entwicklung der Atomphysik genügen die Kriegsvorbereitungen dazu. Auf japanische und amerikanische Städte gehen seit Wochen radioaktive Regen nieder. [...] Die Gesundheit des Menschengeschlechts ist bedroht auf Jahrhunderte hinaus. (GW 20, S. 339)[29]

So hebt Brecht in der Berliner Fassung zwar die mit Rücksicht auf die Gewohnheiten des amerikanischen Theaterpublikums vorgenommenen Kürzungen und Komprimierungen der vorherigen Fassung auf und gestaltet die einzelnen Szenen poetisch dichter und breiter aus; aber alle wesentlichen dramaturgischen und konzeptionellen Änderungen der amerikanischen Fassung behält er bei. Noch genauer arbeitet Galilei in seiner Selbstanalyse jetzt die historische Alternative heraus, die gleichzeitig den Bogen zur Gegenwart der atomaren Rüstung schlägt: Brecht nimmt in die Rede eine Passage auf, die die Utopie eines „hippokratischen Eides der Naturwissenschaftler“ entwirft:

> Hätte ich widerstanden, hätten die Naturwissenschaftler etwas wie den hippokratischen Eid der Ärzte entwickeln können, das Gelöbnis, ihr Wissen einzig zum Wohle der Menschheit anzuwenden! Wie es nun steht, ist das Höchste, was man erhoffen kann, ein Geschlecht erfinderischer Zwerge, die für alles gemietet werden können. (126)

Schließlich verlängert auch die Aufnahme der ursprünglichen Schlußszene, die Andrea mit dem Vermächtnis Galileis zeigt (Szene 15), die Perspektive des Stückes in die Gegenwart: Andrea ist der erste Vertreter der Wissenschaftlergenerationen nach Galilei, die mit seiner „Erbsünde“ belastet sind.

3.3 Der historische und der dramatische Galilei

In einem Telefoninterview mit der dänischen Boulevardzeitung *Berlingske Tidende* im Januar 1939 antwortet Brecht auf die Frage, ob das Stück „nicht eine aktuelle Spitze gegen Deutschland und Italien" enthalte[30], mit einem definitiven „Nein [...], denn beachten Sie, das alles geschieht im 17. Jahrhundert, wo es noch keinen Nazismus oder Faschismus gab! Die Verhältnisse waren damals ganz anders."[31] Mit einer List, die der seiner Hauptfigur im Stück nicht unähnlich ist, leugnet Brecht jeden Bezug zur Gegenwart entschieden, um seinen Aufenthalt in Dänemark nicht zu gefährden. Vielmehr besteht er darauf, „daß es eine streng historische Arbeit ist".[32] Das entspricht, obwohl es auch die Funktion einer Schutzbehauptung hat, nicht einmal der Unwahrheit. Tatsächlich folgt Brecht, was die Fabel angeht, in der *dänischen Fassung* weitgehend der Geschichte. Wo er durch Zusammenziehung ursprünglich auseinanderliegender Ereignisse oder Abweichung in der Datierung dennoch in die Historie eingreift, dient das offensichtlich dem Bemühen, die „immanente Dramatik"[33] der Lebensgeschichte des Physikers und Astronomen herauszuarbeiten.

Natürlich enthält die dänische Fassung auch Passagen, die über die Zeit des wirklichen Galilei hinausweisen und ihn der Gegenwart Brechts annähern. Dazu gehört vor allem die aufklärerische Grundhaltung des Wissenschaftlers, der sich schließlich mit seinen Anspielungen auf die „größten Entdeckungen [...], welche die Glücksgüter der Menschen unermeßlich vermehren müssen" (W 5, S. 106), und die gleichzeitige „allertiefste Dunkelheit"' in großen Teilen der Welt als Zeitgenosse Brechts ausweist. Damit ist auch in der dänischen Fassung schon eine Tendenz angelegt, die in den weiteren Bearbeitungen des Stückes deutlicher hervortreten wird.[34]

Das Hauptkennzeichen der *amerikanischen Fassung* ist fraglos die kräftige Herausarbeitung des gesellschaftlichen Feldes, auf dem sich Galilei bewegt. In beinahe alle Szenen werden Hinweise auf die Polarisierung der sozialen und politischen Kräfte als Kampf zweier Klassen im Sinne der materialistischen Geschichtsauffassung Brechts eingebaut, die Galileis „zweimaligen Fall", den Widerruf und die Weiterarbeit an den *Discorsi*, als sozialen Verrat an der aufstrebenden Klasse des Bürgertums und Unterwerfung unter die Reaktion erscheinen lassen. In *Aufbau einer Rolle* wird Brechts Einschätzung des Zeitalters Galileis im Vergleich mit dem Guiordano Brunos noch einmal deutlich:

> Der Kampf war zu Brunos Zeit noch schwächlich. Aber die Zeit blieb nicht stehen; eine neue Klasse, das Bürgertum, hatte nun mit einer neuen Industrie den Plan kräftiger betreten; es handelte sich nicht nur mehr um wissenschaftliche Leistungen, sondern um Kämpfe, sie groß und allgemein zu verwerten. Die Verwertung erfolgte in vielen Hinsichten, mußte doch die neue Klasse, um ihre Geschäfte betreiben zu können, zur Macht kommen und eine herrschende Ideologie zertrümmern, die sie daran hinderte.[35]

Diese Bewertung läßt sich aber

> mit den historischen Fakten nicht in Übereinstimmung bringen. Sie wäre richtig, wenn die Umstände, unter denen Galilei lebte, tatsächlich einen revolutionären Charakter besessen hätten; in Wirklichkeit war das Gegenteil der Fall.[36]

Das Resultat ist die Enthistorisierung der Galilei-Geschichte zugunsten einer eher modellhaften Darstellung geschichtlicher Gesetzmäßigkeiten, die diese verstehbar machen und als solche bis in die Gegenwart des „wissenschaftlichen Zeitalters" nachwirken. Mit anderen Worten: die mit der zweiten Fassung einhergehende Veränderung der Tendenz ist nur auf Kosten der Geschichtstreue realisierbar, weil der von der Geschichte vorgegebene Stoff nicht mehr so einfach für die nunmehr im Mittelpunkt stehende Frage nach der sozialen Verantwortung des Wissenschaftlers taugt. Die Moral der ersten Fassung ist noch durch eine „Parallelisierung" der Zeitalter Brechts und Galileis, die des amerikanischen *Galileo* nur durch eine „Projektion"[37] von Gegenwartsfragen in die Geschichte hinein herstellbar.

Dieses Fazit läßt sich im wesentlichen auch auf die *dritte Fassung* übertragen, übernimmt sie doch alle für die Tendenz entscheidenden Änderungen des amerikanischen *Galileo.* Daß es Brecht also weniger um die korrekte Abbildung der Geschichte, sondern in erster Linie um die Behandlung drängender Fragen seines Zeitalters zu tun ist, wird in der dritten Fassung des Stükkes eher noch deutlicher: bei der Diskussion des Ethos einer voraussetzungslosen und wertfreien Wissenschaft sind aus dem

Munde Andreas und Galileis schließlich Anklänge an Theoreme zu vernehmen, die auch nicht mehr im weitesten Sinne dem Zeitalter Galileis, sondern nur dem Brechts entnommen sein können.[38]

In der Drama und Geschichte vergleichenden Betrachtung kristallisiert sich also folgendes deutlich heraus: einerseits wendet sich Brecht, nach der Behandlung von Problemen des unmittelbaren politischen Kampfes und seiner Erfordernisse in der dänischen Fassung, in den späteren Bearbeitungen allgemeineren, weiter ausgreifenden und abstrakteren Fragestellungen zu, die in der letzten Fassung auch die Wissenschaftstheorie und die Ideologiediskussion berühren.[39] Auf der anderen Seite geht mit der Herauslösung der Thematik aus dem unmittelbaren politischen Alltag und seinen Kämpfen bei gleichzeitiger Hinwendung zu Fragestellungen epochalen und globalen Ausmaßes eine zunehmende Enthistorisierung des von der Geschichte vorgezeichneten Stoffes einher, die in ihm die Züge des Brechtschen Zeitalters immer deutlicher hervortreten läßt und es als Geschichte erkennbar macht. Diese Historisierung des eigenen Zeitalters – darum handelt es sich ja – ist also offenbar nur bei gleichzeitiger Enthistorisierung des geschichtlich vorgebildeten Stoffes realisierbar. Da sich aber die Fabel in der ersten wie in der letzten Fassung weitgehend an den geschichtlichen Fakten orientiert, kann Brecht bis zuletzt, gegen alle eingebauten „Sicherungen", die Gefahr eines sich aus einer einfachen Parallelisierung ergebenden Mißverständnisses nicht ausräumen: der Galilei aller drei Fassungen widerruft, jedesmal setzt er seine Arbeit fort und sorgt für ihre Verbreitung, so daß seine Handlungsweise immer wieder „als eine ehrenrettung des opportunismus aufgefaßt" (AJ 7.1.1948, S. 506) wird: „der stückeschreiber kann sich nur dadurch retten, daß er die substanz aufgibt oder (und) einen leitartikel anhängt" (AJ 7.1.1948, S. 507).[40]

4
Die Figuren des Stückes

Da das Theater Brechts grundsätzlich um die Darstellung der Veränderbarkeit, der Geschichtlichkeit aller gesellschaftlichen Vorgänge – mögen sie auch noch so „naturgesetzlich" erscheinen – bemüht ist, ist für die Konzeption und Beschreibung seiner Figuren der herkömmliche Begriff des „Charakters" weitgehend untauglich. In der im *Messingkauf* als Grundmodell und „als Beispiel allereinfachsten, sozusagen ‚natürlichen' epischen Theaters" (GW 16, S. 546) konzipierten, im Juni 1938 entstandenen „Straßenszene", in der der Augenzeuge eines Verkehrsunfalls einer Menschenansammlung den Hergang des Unglücks demonstriert, kritisiert Brecht die

> Gewohnheit des üblichen Theaters, aus den Charakteren die Handlungen zu begründen, die Handlungen dadurch der Kritik zu entziehen, daß sie als aus den Charakteren, die sie vollziehen, unhinderbar, mit Naturgesetzlichkeit hervorgehend dargestellt werden. (GW 16, S. 551)

Brecht möchte nicht einen immer gleichbleibenden Charakter zeigen, der sich in den verschiedensten Situationen zu bewähren hat[41], ihm kommt es im Gegenteil darauf an,

> daß unser Demonstrant seine Charaktere ganz und gar aus ihren Handlungen ableitet. Er imitiert ihre Handlungen und gestattet dadurch Schlüsse auf sie. [...] Für unseren Straßendemonstranten bleibt der C h a r a k t e r des zu Demonstrierenden eine Größe, die er nicht völlig auszubestimmen hat. Innerhalb gewisser Grenzen kann er so und so sein, das macht nichts aus. Den Demonstranten interessieren seine unfallerzeugenden und unfallverhindernden Eigenschaften. (GW 16, S. 551; Hervorhebung dort)

Erst als Handlungen, als soziales Verhalten sind diese Eigenschaften einer Figur beobachtbar und ermöglichen es, auf die gesellschaftlichen Situationen zu verweisen, in die das Individuum gestellt ist oder die es selbst erzeugt, wodurch auch die „Vorgänge hinter den Vorgängen" (GW 15, S. 257), die gesellschaftlichen Gesetzmäßigkeiten, der Kritik des Zuschauers ausgesetzt werden. Entscheidend ist also nicht ein Charakterzug, sondern die Situation, die ihn in Form einer Haltung, Handlung oder Äußerung hervorbringt oder in der er als Haltung gesellschaftlich wirksam wird. Für diesen

> ganzen Komplex einzelner Gesten der verschiedensten Art zusammen mit Äußerungen, welcher einem absonderbaren Vorgang unter Menschen zugrunde liegt und die Gesamthaltung aller an diesem Vorgang Beteiligten betrifft [...] oder [...], bei einem einzelnen Menschen auftretend, gewisse Vorgänge auslöst (die zögernde Haltung des *Hamlet*, das Bekennertum des *Galilei* und so weiter), oder auch nur eine Grundhaltung eines Menschen (wie Zufriedenheit oder Warten), (GW 16, S. 753; Hervorhebung dort),

benutzt Brecht im *Kleinen Organon* den Begriff des „Gestus", der die Figurenkonzeption vom Psychologischen weg- und zum Beobachtbaren hinführen, somit auch die Figur der Einfühlung entziehen und der Kritik zugänglich machen soll. Brecht hat, um es mit Walter Hinck zu sagen, „den ‚psychologischen' durch den ‚soziologischen Fall' abgelöst".[42] Die Charaktere werden also nicht gesehen „als Individualitäten, nach dem Wortsinn Unteilbarkeiten von Natur aus" (GW 16, S. 706), sondern als Gesamtheit vielfältiger und widersprüchlicher Verhaltensweisen. Nur insofern sind sie „Einheiten": „Die Einheit der Figur wird nämlich durch die Art gebildet, in der sich ihre einzelnen Eigenschaften widersprechen" (GW 16, S. 686). Zustimmend vermerkt Brecht deshalb während der Arbeit am kalifornischen *Galileo* Laughtons „Zurückhaltung [...], im Psychischen herumzukramen" (GW 17, S. 1120), und von den Probenarbeiten am Berliner Ensemble hat Käthe Rülicke Brechts fast vollkommenes Desinteresse an Galileis Charakter überliefert:

> Nicht der „Charakter" des Galilei also verdient Interesse, sondern sein soziales Verhalten, so wie Brecht einmal auf einer Probe sagte: „Es ist nicht interessant, daß ein Mensch mit sich, sondern daß er mit anderen kämpft." Tatsächlich sprach Brecht auf den Proben fast nie über den Charakter einer Figur, sondern über ihre Art, sich zu verhalten; er sagte beinahe nie, was ein Mensch i s t, sondern was er t u t. Und wenn er Charakteristisches über eine Figur sagte, so bezog er das nicht aus dem Psychologischen, sondern aus dem Sozialen. Er zeigte den Charakter einer Figur in ihrer Verhaltensweise.[43]

Andererseits muß daran erinnert werden, daß schon in der „Straßenszene" die Eigenschaften einer Figur nicht einfach unbeachtet bleiben, sondern, sofern sie „unfallerzeugend" oder „unfallverhindernd" sind, für die Darstellung und die Plausibilität einer Situation von großer Wichtigkeit sein können. Wenn auch der „Unfall", im *Galilei* also der „Fall", im Vordergrund steht, so muß doch auch untersucht werden, in welcher Weise die individuellen Züge einer Figur zur Geltung kommen und zur Entwicklung ihres Falles beitragen, so daß schließlich doch so etwas wie ein – allerdings uneinheitliches oder widersprüchliches – Persönlichkeitsbild entsteht.[44] Auf jeden Fall hat Brecht selbst in seinen Anmerkungen zum Stück auf vielfältige Weise sein Interesse an der Persönlichkeit der von ihm gestalteten Physikerfigur, aber auch der übrigen Figuren, dokumentiert.

4.1 Die Hauptfigur

4.1.1 Sinnlichkeit und Rationalität: Galileis Forschungstrieb

In der ersten Szene des Stückes begegnen wir in Galilei einem Mann, dessen ganze Haltung von Sinnlichkeit und Genuß bestimmt ist. Emphatisch und erwartungsvoll begrüßt er den Anbruch einer neuen Zeit, die die Wissenschaft aus den Fesseln des ptolemäischen Weltbildes befreit und ihr ungeahnte neue Möglichkeiten eröffnet:

> Aber jetzt fahren wir heraus, Andrea, in großer Fahrt. Denn die alte Zeit ist herum, und es ist eine neue Zeit. Seit hundert Jahren ist es, als erwartete die Menschheit etwas. (8)

Diese neue Zeit weckt in Galilei einen geradezu körperlichen Forschungsdrang:

> Und es ist eine große Lust aufgekommen, die Ursachen aller Dinge zu erforschen [...] Jeden Tag wird etwas gefunden. Selbst die Hundertjährigen lassen sich noch von den Jungen ins Ohr schreien, was Neues entdeckt wurde. (9)

Wie sehr Brecht Körperlichkeit und Triebhaftigkeit dieser Forschungslust betont, ist nicht nur aus einer Bemerkung über Laughtons Galilei in *Aufbau einer Rolle* ersichtlich:

> Seine wohlige Art, auf und ab zu gehen, und sein Spiel mit den Händen in den Hosentaschen beim Planen der neuen Forschungen reichte an die Grenze des Anstößigen.[45]

Vor allem ist diese Sinnlichkeit auch in der Szene selbst entwikkelt. Wir treffen Galilei zu Beginn der Szene „sich den Oberkörper waschend, prustend und fröhlich" (7) an; die Gedanken an die heraufkommende neue Zeit drängen aus ihm heraus, während Andrea, der Sohn seiner Haushälterin, ihm den Rücken abreibt („‚Galileis Wohlbehagen', wenn der Knabe ihm den Rücken frottierte, setzte sich um in geistige Produktion.")[46]; das Frühstück und der Genuß der Milch begleiten die gegenüber Frau Sarti geäußerte Überzeugung, nunmehr die Beweise für das kopernikanische Weltbild nicht länger geheimhalten zu können. So ist „sein Genuß an dem Getränk und der Waschung [...] eins mit dem an den neuen Gedanken" (GW 16, S. 691). Galilei selbst weiß um seine Genußsucht:

> Ich schätze die Tröstungen des Fleisches. Ich habe keine Geduld mit den feigen Seelen, die dann von Schwächen sprechen. Ich sage: Genießen ist eine Leistung. (88)

Sein Hang zum Genießertum bleibt aber auch anderen Figuren des Stückes nicht verborgen. Papst Urban VIII. beweist im Gespräch mit dem Inquisitor eine genaue Kenntnis der Persönlichkeitsstruktur des Physikers, wenn er sagt:

> Er kennt mehr Genüsse als irgendein Mann, den ich getroffen habe. Er denkt aus Sinnlichkeit. Zu einem alten Wein oder einem neuen Gedanken könnte er nicht nein sagen. (108)

Und Andrea schilt ihn nach dem Widerruf enttäuscht „Weinschlauch! Schneckenfresser!" (113). Es ist nun aber auch schon deutlich geworden, daß Galileis Sinnlichkeit nicht aus dem Körperlichen gespeist wird, sondern im wesentlichen aus dessen genauem Gegenteil, dem Geistigen, wie Brecht selbst erläutert:

> Galilei ist natürlich kein Falstaff: als überzeugter Materialist besteht er auf physischen Freuden. Bei der Arbeit würde er zwar nicht trinken; wichtig ist, daß er auf sinnliche Weise arbeitet. Es bereitet ihm Genuß, seine Instrumente mit Eleganz zu handhaben. Ein großer Teil seiner Sinnlichkeit ist geistiger Natur.[47]

In der ersten Szene des Stückes kommt das vor allem als Freude am Zweifel, am Gebrauch der Vernunft, an der Demonstration und der Belehrung zum Ausdruck. An die Stelle des blinden Vertrauens tritt die Infragestellung überlieferter Autoritäten, der Glaube wird durch auf Ratio gegründete Wahrheitssuche ersetzt. Das alte Denken, das die Erklärung der Wirklichkeit aus den Lehrsätzen der Autoritäten und aus der Spekulation gewinnt, soll der Vergangenheit angehören. Zudem bedarf das neue Denken zu seiner Durchsetzung, wie in Szene 3 in der Auseinandersetzung mit Sagredo, in Szene 7 im Streit mit den Bibelzitaten (66 f.) oder in Szene 8 im Gespräch mit dem kleinen Mönch, der Streitlust und des genußvollen Gebrauchs der Argumente.

Auch in der Sonnenflecken-Szene hat Brecht ein überzeugendes Bild für die Wechselwirkung von körperlichem und geistigem Genuß gestaltet. Nachdem man sich zu einem Glas Wein niedergelassen hat, setzt Ludovico Galilei über den nahen Tod des alten Papstes in Kenntnis und erwähnt den Namen des designierten neuen. Fast gleichzeitig mit dieser Nachricht entdeckt Galilei auch die Qualität des Weines, und der Lobpreis dieses Weines und sein Entschluß, die Forschungen zu den Sonnenflecken wieder aufzunehmen, sind eins:

> Ich kenne den Weinberg. Der Hang ist steil und steinig, die Traube fast blau. Ich liebe diesen Wein [...] Er hat kleine Schatten in sich. Und er ist beinahe süß, läßt es aber bei dem „beinahe" bewenden. – Andrea, räum das Zeug weg, Eis, Schaff und Nadel. – (87 f.)

Die Aussicht auf die im Auftrag an Andrea signalisierte Wiederaufnahme der Forschungen verleitet Galilei schließlich zu dem Ausruf: „Barberini im Aufstieg! Das Wissen wird eine Leidenschaft sein und die Forschung eine Wollust" (88).

Letztlich sind lustvoller Genuß des Weines und aus der Wissenschaft bezogene Wollust kaum noch unterscheidbar und zudem dadurch besonders hervorgehoben, daß Brecht gleichzeitig Ludovicos Verhalten als genau entgegengesetzt herausarbeitet: die Wiederaufnahme der Forschungsarbeit führt bei ihm zu großer Verärgerung, folglich kann er auch den Wein nicht genießen und die Frage nach dessen Wohlgeschmack nur aus Höflichkeit („steif") (88) positiv beantworten.[48] In dieser Szene wie in anderen wird auch sichtbar, wie der Forscher und Verfechter der Ratio angesichts neuer Entdeckungen und Beweise in einen Zustand höchster Erregung gerät, den Brecht so genüßlich gestaltet wie Galilei ihn auskostet. In einer früheren Szene, beim Studium der

Jupitermonde, setzt er sich „erregt zur Arbeit“ (32), und nach ihrer Entdeckung ist er so „außer sich“ (32), daß Sagredo ihn ermahnt:

> SAGREDO: Galilei, du sollst dich beruhigen!
> GALILEI: Sagredo, du sollst dich aufregen! Frau Sarti!
> SAGREDO: [...] Willst du aufhören, wie ein Narr herumzubrüllen?
> GALILEI: Willst du aufhören, wie ein Stockfisch dazustehen, wenn die Wahrheit entdeckt ist? (32f.)

Wissenschaftliche, auf Ratio beruhende Erkenntnis ist also durchaus in der Lage, den Wissenschaftler um den Verstand zu bringen (Sagredo: „Hast du allen Verstand verloren?“) (33) und Irrationalität als ihr genaues Gegenteil zu erzeugen. Mehr noch: in den Imperativen Galileis erscheint sie als geradezu unerläßlich und erstrebenswert für die Entdeckung der Wahrheit.

Sinnlichkeit und Rationalität werden aber im Stück nicht nur als Gestus der Hauptfigur entwickelt, sondern sozusagen auch objektiviert und damit für den Zuschauer anschaulich gemacht in den für den Forscher unverzichtbaren Verfahren des Experimentes, der Modellbildung und der Demonstration. Diese beruhen allesamt auf der Unmittelbarkeit der sinnlichen Anschauung, und sie setzen auf die Überzeugungskraft des Beweises, was Brecht in der ersten Szene des Stückes seinerseits anschaulich macht: Galilei führt Andrea und dem Zuschauer die Tauglichkeit des Kopernikus-Systems mit der Stuhl-Demonstration vor Augen (11ff.), und der um die eigene Achse rotierende Apfel (13ff.) ist gleichzeitig ein praktikables Modell des neuen Weltbildes wie auch – nach biblischem Vorbild – Symbol der menschlichen Verführbarkeit, in diesem Fall durch „Verführung der Beweise“ (38). Auch den Schwerkraftstein, den Galilei ständig bei sich trägt („Kein Mensch kann lange zusehen, wie ich [...] einen Stein fallen lasse und dazu sage: er fällt nicht.“) (35), hat Brecht als ein solches Symbol leitmotivisch in verschiedene Szenen des Stückes eingeflochten. Von zentralerer Bedeutung noch ist das Fernrohr, das als dingliches und ideelles Zentrum großer Bilder des Stückes das Prinzip der Anschauung und den Appell an die Sinne immer mit dem Kampf für das neue Weltbild verknüpft.

So sind in der Forschertätigkeit selbst Sinnlichkeit und Vernunft verknüpft. Körperliches Wohlbehagen produziert neue Gedanken, die ihrerseits sinnlichen Genuß bereiten. Diese Dialektik des Forschungstriebs wird besonders augenfällig, wenn wir den Beginn des Stückes, wie von Brecht im *Kleinen Organon* (GW 16, S. 690) vorgeschlagen, mit dem Schluß des Stückes vergleichen und dort Forschen und Denken von der körperlich-genußvollen Seite vollkommen abgetrennt und die sinnliche Freude daran ins Lasterhafte gewendet finden; die Gabe der kühlen, rationalen Analyse hat aus Galilei einen Zyniker gemacht; der Künder einer neuen Zeit fordert sein Zeitalter nunmehr dazu auf, „daß es ihn mit Verachtung von sich stoße" (GW 16, S. 691): „Zwei grundsätzlich verschiedene Bilder, und doch geht das letzte aus dem ersten hervor."[49] Gerade die aus der Konfrontation der beiden Bilder ableitbare Möglichkeit der Verselbständigung des Forschungstriebes stößt uns darauf, daß in ihm die entscheidende, in der Terminologie der „Straßenszene" „unfallerzeugende" Eigenschaft des großen Physikers verborgen sein muß, wie wir auch einer Eintragung im *Arbeitsjournal* entnehmen können. Dort gilt Brecht als eines der großen Themen des Stückes, „daß in dieser gesellschaftsform wissensdurst zu einer lebensgefährlichen eigenschaft wird, da ihn die gesellschaft hervorbringt und bestraft" (AJ 30. 7. 1945, S. 465). Auf diese Eigenschaft lassen sich im wesentlichen alle anderen Seiten der Figur, so widersprüchlich sie sein mögen, zurückführen: sein übergroßes Vertrauen in die Vernunft wie seine naive Einschätzung der gesellschaftlichen Kräfteverhältnisse, seine Heldenhaftigkeit am Beginn des Stückes wie sein Verbrechertum am Ende, sein Ausharren während der lebensbedrohenden Pest in gleicher Weise wie sein Widerruf sind jeweils sich widersprechende Ausdrucksweisen dieser einen Eigenschaft. „Positive und negative Wirkungen stammen aus derselben Wurzel"[50], die ihrerseits als dialektisch strukturiert begriffen werden muß: die Möglichkeit des freien Forschens und neuer Erkenntnis erzeugt in Galilei körperliches Wohlgefühl, und umgekehrt gestattet, beflügelt und produziert erst letzteres Forschung und Erkenntnis („Ich brauche Beweise. Und ich will die Fleischtöpfe") (37).[51] Ohne diese Betrachtungsweise können die gegensätzlichen Seiten der Galilei-Figur nur, wie bei Zimmermann (1985), als „eigentümliche Verschmelzung"[52] oder, wie bei Buck (1983)[53] und Schumacher (^{2}1968)[54], als „heterogene Eigenschaften" interpretiert werden, als sich aus irgendeinem Grund widersprechende Charakterzüge also, deren „dialektische Verknüpfung" (Zimmermann)[55] jedoch ein Geheimnis bleibt.

Vor allen Dingen aber kommt es Brecht nicht so sehr auf die Darstellung der Charakterzüge selbst an, sondern in erster Linie auf ihre einem historischen Urteil zu unterwerfende gesellschaftliche Wirksamkeit. Für sich genommen ist die „Symbiose von Vitalität und Geistigkeit"[56] weder gut noch schlecht, wie Brecht im *Kleinen Organon* notiert:

> Vergiß nicht: er denkt der Wollust wegen! Ist dies etwas Gutes oder etwas Schlechtes? Ich rate dir, da du im ganzen Stück darüber nichts der Gesellschaft Nachteiliges finden wirst, und besonders, da du doch selber, wie ich hoffe, ein tapferes Kind des wissenschaftlichen Zeitalters bist, es als etwas Gutes darzustellen. Aber notiere es deutlich, viel Schreckliches wird in dieser Sache passieren. (GW 16, S. 691)

Die herkömmliche Unterscheidung von Gut und Böse und mit ihr die Charaktergestaltung des traditionellen Dramas erweist sich angesichts des Falles Galilei als untauglich. Brecht fragt, welcher Art die Verhältnisse sind, die aus einer Charaktereigenschaft eine Katastrophe entstehen lassen, indem er im Verlauf des Stückes die gleiche Eigenschaft in immer neue Situationen stellt und auf ihre widersprüchliche gesellschaftliche Wirkung abhebt, wodurch die wechselseitige Beziehung zwischen dem Individuum Galilei und der Gesellschaft in den Mittelpunkt des Interesses gerückt wird. Ehe auf andere Aspekte der Hauptfigur eingegangen wird, soll aber der Forschungstrieb als entscheidende Eigenschaft noch kurz aus dem Blickwinkel der Brechtschen Figurenkonzeption, wie sie bereits oben skizziert wurde, betrachtet werden. In *Preis oder Verdammung des Galilei* bezeichnet Brecht Galileis Forschungstrieb als „soziales Phänomen, nicht weniger lustvoll oder diktatorisch wie der Zeugungstrieb" (GW 17, S. 1109).[57] Darin steckt der Hinweis, daß diese Seite einer Persönlichkeit zwar der Psyche zuzuordnen sein mag, aber gerade nicht, wie bei Esslin (1962), auf das Psychische reduziert werden darf. Dort wird in Anspielung auf das angeführte Brecht-Zitat „als Wurzel des [Galilei-] Problems" darauf erkannt,

> daß die rationalste aller menschlichen Tätigkeiten, die Wissenschaft selbst, letztlich auch nur ein triebhafter Drang, ein aus dem Unterbewußtsein des Menschen hervorquellender irrationaler Instinkt ist, ebenso grundlegend und übermächtig wie der Zeugungstrieb.[58]

Brechts Begriff des „sozialen Phänomens" zielt jedoch gerade darauf, daß Forschungs- wie Zeugungstrieb nur in der Gesellschaft zur Äußerung und zur Bestimmung gelangen können. Das korrespondiert unmittelbar mit Brechts Bemerkung, daß „die kleinste gesellschaftliche Einheit [...] nicht der Mensch [ist], sondern zwei Menschen.", (GW 16, S. 688). Zu seiner Entfaltung bedarf der Forschungstrieb, wie der Sexualtrieb, des äußeren Stimulus und eines Objektes der Begierde: des neuen Zeitalters und der in ihm enthaltenen Möglichkeiten. Dieser Dialektik der subjektiven Begierde und der objektiven Erfüllbarkeit verleiht Brecht in der Eingangsszene vielfältigen bildhaften Ausdruck. Sprachlich äußert sich das in dem verallgemeinernden „es" anstelle der ersten Person („Und es ist eine große Lust aufgekommen [...]") (9), vor allem aber entfalten Subjekt und Objekt sozusagen eine gemeinsame Fröhlichkeit: „[...] Die Erde rollt fröhlich um die Sonne" (10), und die „lachenden Kontinente" (9) werden von einem fröhlich prustenden Physiker entdeckt. In diesen Bildern der Eingangsszene entwirft Brecht also eine große Utopie von der Produktivität der freien Forschung, die sich im Einklang befindet mit der sie umgebenden Gesellschaft und den objektiven Möglichkeiten der Erkenntnis. Der Wissensdurst Galileis und sein Zeitalter sind vom gleichen Gestus geprägt: beide wollen sich vom Alten befreien und drängen nach Neuem. So wird der Forscher Galilei zur Symbolgestalt einer ganzen Epoche, indem er die ungeheuren Möglichkeiten seines Zeitalters erkennt und seine eigenen Fähigkeiten in dessen Dienst stellt, bereit, „die Beherrschung der Natur zu einer Quelle des Glücks für die Menschheit zu machen.", (GW 15, S. 295). In gleicher Weise kann auch Galileis Genußsucht als Zeichen eines allgemeinen Glücksverlangens, dessen Erfüllung mit dem Anbruch der neuen Epoche zum ersten Mal möglich scheint, verstanden werden.

In der Person Galileis verschafft sich der Forschungstrieb eines ganzen Zeitalters Ausdruck und ist auch in diesem Sinne nicht, wie Esslin meint, psychologisches, sondern „soziales Phänomen"; und wenn sich am Ende des Stückes der utopische Entwurf in eine Schreckensvision verkehrt hat, dann scheint in der dramatischen Figur des Galilei der Gang der ganzen bürgerlichen Epoche personifiziert, an deren Beginn ein unbändiger Forschungsdrang die Vision eines glücklichen Zeitalters erlaubt, an deren Ende aber „die großen Erfindungen und Entdeckungen nur eine immer schrecklichere Bedrohung der Menschheit" (GW 15, S. 295) hervorbringen.

4.1.2 Vernunft und Naivität

Grundlage allen Galileischen Denkens ist der Zweifel. In der Hinterfragung alles bisher Selbstverständlichen, der Kritik des scheinbar der Kritik Entzogenen, in der Ersetzung des Glaubens durch das Wissen liegt das grundlegend Neue der von Galilei propagierten Wissenschaftsauffassung:

> Denn wo der Glaube tausend Jahre gesessen hat, eben da sitzt jetzt der Zweifel. Alle Welt sagt: ja, das steht in den Büchern, aber laßt uns jetzt selbst sehn. Den gefeiertsten Wahrheiten wird auf die Schulter geklopft; was nie bezweifelt wurde, das wird jetzt bezweifelt. (9)

Was sich hier als die ganze Menschheit erfassende, mächtige Bewegung darstellt, muß erst recht, wie Galilei in der Selbstanalyse am Schluß präzisiert, das Anliegen der Wissenschaft sein:

> Sie handelt mit Wissen, gewonnen durch Zweifel. Wissen verschaffend über alles für alle, trachtet sie, Zweifler zu machen aus allen. (124)

Auf dem methodischen Zweifel erbaut Galilei die Grundfesten einer modernen Wissenschaftsauffassung, die aus der Anschauung und Beobachtung der Wirklichkeit ihre Hypothesen bezieht und diese wiederum einer rationalen und empirischen Prüfung unterzieht, bevor sie das zugrundeliegende Gesetz ableitet und formuliert:

> Meine Absicht ist nicht, zu beweisen, daß ich bisher recht gehabt habe, sondern: herauszufinden, ob. […] Ja, wir werden alles, alles noch einmal in Frage stellen. […] Und was wir heute finden, werden wir morgen von der Tafel streichen und erst wieder anschreiben, wenn wir es noch einmal gefunden haben. Und was wir zu finden wünschen, das werden wir, gefunden, mit besonderem Mißtrauen ansehen. (93)

Wie sehr Galilei mit dem Prinzip des Zweifels dem Autor und seinem Denken verbunden ist, läßt sich daraus ersehen, daß hierin im Grunde Brechts Definition der Verfremdung enthalten ist, die auf jenen Effekt zielt, den wir auch als Resultat der Galileischen Haltung beobachten: das Vertraute soll den Charakter des

Fremden, das Selbstverständliche das Moment des Auffälligen erhalten. Wie die „Fremdheit, Neuartigkeit, Auffälligkeit" der Figur des Galilei dadurch zustande gebracht wird, daß er „auf seine Umwelt von 1600 wie ein Fremder blickt" (GW 17, S. 1127), so kann auch, einer Definition der „Straßenszene" zufolge, mit Hilfe des Verfremdungseffektes den

> darzustellenden Vorgängen zwischen Menschen der Stempel des Auffallenden, des der Erklärung Bedürftigen, nicht Selbstverständlichen, nicht einfach Natürlichen verliehen werden [...]. (GW 16, S. 553)

Der bei Descartes entlehnte „universelle methodische Zweifel an allem, was nur auf der Grundlage des Glaubens angenommen wird" (W 5, S. 383), nach einem Proben-Notat Käthe Rülickes „der ‚positive Zweifel', der Zweifel um der Erkenntnis der Wahrheit willen"[59], hat seinen Ursprung in Galileis Vertrauen in die menschliche Gabe der Vernunft, die, mit den Worten des Inquisitors, „dieser Wahnsinnige für die einzige Instanz erklärt" (106). Vor ihr muß alles und jedes bestehen können, soll es nicht fortan als leerer Glaubenssatz oder hohle Weisheit gelten. Im Gespräch mit dem skeptischen Sagredo formuliert der Physiker sein Credo[60]: „Ja, ich glaube an die sanfte Gewalt der Vernunft über die Menschen. Sie können ihr auf die Dauer nicht widerstehen" (34 f.). Letztlich geht vom Glauben an die Vernunft der eigentliche Antrieb zu aller forschenden, ja zur Tätigkeit überhaupt aus; sie ist die Quelle, aus der Galilei seine Energie bezieht:

> Ich glaube an den Menschen, und das heißt, ich glaube an seine Vernunft! Ohne diesen Glauben würde ich nicht die Kraft haben, am Morgen aus meinem Bett aufzustehen. (34)

Die Vernunftbegabung wird dabei ausdrücklich sowohl dem Volk – dazu gehören die „Söhne der Fischweiber" (10) wie „die Alte", „der Schiffer" und „das Kind" (34) – als auch den Repräsentanten der alten Mächte, etwa den Mönchen oder den Florentiner Hofgelehrten, zugesprochen. Einem Beweis, dem Anblick eines fallenden Steines etwa, spricht Galilei eine so unwiderstehliche Wirkung zu, daß er trotz der Rationalität des Vorgangs von Verführung spricht: „Die Verführung, die von einem Beweis ausgeht, ist zu groß. Ihr erliegen die meisten, auf die Dauer alle" (35). Mit seinem festen Glauben an die menschliche Vernunft, die einerseits die Fähigkeit zur Erkenntnis der Natur und ihrer Gesetze, andererseits die Möglichkeit der Verbreitung der Wahrheit unter den Menschen in sich trägt, entspricht Galilei kaum seinem historischen Vorbild, sondern weist sich vielmehr als Vertreter der Aufklärung des 18. Jahrhunderts aus, wodurch die Figur dem Zeitalter Brechts angenähert und mit Zügen versehen wird, auf die der Autor selbst im Kampf gegen die „alten Mächte" seines eigenen Zeitalters setzte. Durch das Verfahren, „die historische Rezeption, die Wirkung, die von Galilei ausging, ihm bereits selbst zuzuschlagen"[61], wird „die Verbundenheit der Galilei-Figur mit der damaligen und der aktuellen Zeit beweisbar".[62]

Zur Rolle des Aufklärers gehört auch ein weiterer Zug, den Brecht der Physiker-Figur verliehen hat. Von der ersten bis zur vorletzten Szene des Stückes ist er nicht nur als Wissenschaftler und Forscher, sondern auch – anders als sein historisches Vorbild, das die Lehre eher als lästige Pflicht empfand – als großer Lehrer gezeichnet. Indem Unterrichtung und Belehrung Andreas durch den großen Physiker Anfang und Schluß des Stückes bilden, wird diese Rolle sogar außerordentlich exponiert. Gerade im Gegensatz zum materiell notwendigen Privatunterricht für Ludovico nimmt die Unterrichtung Andreas so utopische Züge an, daß Brecht „die Lust am Produzieren und das Vermitteln von Wissen an jeden, der wissen will" als eine „ganz neue – der kapitalistischen Entmenschlichung der ‚Ware Arbeitskraft' entgegengesetzte – Verhaltensweise" (GW 17, S. 1128) betrachtet. In der Tat ist Galilei, ähnlich wie auf die Forschung, auch auf die Belehrung, auf die Mitteilung seiner Kenntnisse begierig, „physiologisch nicht in der Lage, Fragen unbeantwortet zu lassen".[63] Fast ohne Rücksicht auf eine mögliche Überforderung weist er in der ersten Szene den gerade eben zehnjährigen Andrea in die Grundzüge des neuen kopernikanischen Systems ein; und in der 14. Szene wird auch die Weitergabe der *Discorsi* aus einem Mitteilungsdrang geboren, den Galilei selbst als triebhaft empfindet: „was ich weiß, muß ich weitersagen. Wie ein Liebender, wie ein Betrunkener, wie ein Verräter" (79).[64]

So entfalten in den Augen Galileis die Verbreitung der Wahrheit und die Kraft der Vernunft eine solche Dynamik, daß darüber die Macht und die Mechanismen der gesellschaftlichen Verhältnisse in Vergessenheit geraten. Zwar erkennt Galilei schon in der Eingangsszene, daß die rationale Methode notwendigerweise die auf den Glauben gegründete machtvolle Institution der Kirche erschüttern muß, angesichts der Durchsetzungskraft der Wahrheit glaubt er aber zum Angriff übergehen zu können, so daß er folgerichtig auch diejenigen vor sein Fernrohr zu schleppen versucht, die – wie uns ja die Szene 4 vor Augen führt (48 ff.) – gar nicht sehen wollen:

> Auch die Mönche sind Menschen, Sagredo. Auch sie erliegen der Verführung der Beweise. [...] Wenn die Wahrheit zu schwach ist, sich zu verteidigen, muß sie zum Angriff übergehen. Ich werde sie bei den Köpfen nehmen und sie zwingen, durch dieses Rohr zu schauen. (38)

Sagredo ist es, der dagegen warnend und mahnend seine Überzeugung, daß die Menschen „der Vernunft nicht zugänglich sind" (34), ins Feld führt. Im großen Vernunft-Disput der Szene 3 ist er der Anti-Rationalist, der den Glauben an die „Vernunft des Menschengeschlechts" für eine „Verblendung" (38) hält:

> Vierzig Jahre unter den Menschen haben mich ständig gelehrt, daß sie der Vernunft nicht zugänglich sind. Zeige ihnen einen roten Kometenschweif, jage ihnen eine dumpfe Angst ein, und sie werden aus ihren Häusern laufen und sich die Beine brechen. Aber sage ihnen einen vernünftigen Satz und beweise ihn mit sieben Gründen, und sie werden dich einfach auslachen. (34)

Wie ein spätes Zugeständnis an diesen Einwand Sagredos hört es sich deshalb an, als Galilei im Gespräch mit dem kleinen Mönch seine Überzeugung von der Eigendynamik der Wahrheit und der Vernunft relativiert und sie ausdrücklich von der kämpferischen Haltung ihrer Repräsentanten abhängig macht (78).

Zu den Widersprüchen – man kann auch sagen, zur Ironie – des Stückes gehört es, daß Sagredo als der „Vernünftigere" erscheint, wenn er über seine prinzipiellen Vorbehalte hinaus auf die gesellschaftlichen Kräfteverhältnisse verweist, die der „Dynamik der Wahrheit"[65] Grenzen setzen, und damit auch die Naivität Galileis offenbart:

> Wie könnten die Mächtigen einen frei herumlaufen lassen, der die Wahrheit weiß, und sei es eine über die entferntesten Gestirne! Meinst du, der Papst hört deine Wahrheit, wenn du sagst, er irrt, und hört nicht, daß er irrt? (38)

Dieser Einwand stellt nicht nur eine „moderne Kritik am aufklärerischen Vernunftenthusiasmus“[66] dar, sondern er antizipiert auch den weiteren Verlauf der Galilei-Geschichte, indem – wie Sautermeister herausgearbeitet hat – das Schauspiel Sagredos Zweifel an Galileis Zuversicht immer wieder in „dramatische Aktion“[67] umsetzt: im vergeblichen Versuch der Überzeugung der Florentiner Hofgelehrten, in der Indizierung der kopernikanischen Lehre oder in der Inhaftierung durch die Inquisition ist szenisch realisiert, was Sagredo sprachlich thematisiert. Der Zweifel kehrt sich gegen seinen glühendsten Verfechter und ist damit „Motor des dramatischen Vorgangs“ sowie „Urheber der für das Schauspiel charakteristischen dramatischen Ironie“[68], in der Sautermeister „das die Szenenfolge 4–13 aufbauende, ästhetische Prinzip“[69] erkennt.

So sehr also Galileis Wissenschaft von Zweifel und Mißtrauen bestimmt ist, so wenig bringt er diese auf dem Feld der Gesellschaft zur Anwendung, weil er nach Brechts Urteil (festgehalten in einem Tonbandprotokoll der Berliner Proben) „vollkommen unintelligent ist und die Intelligenz eines neunjährigen Knaben hat in der Beurteilung des Hofes von Florenz“.[70] Worin liegt die Erklärung? Es ist der Kontext des Vernunft-Disputs – Galileis Entschluß zur Übersiedlung an den Florentiner Hof –, der auch den Hinweis auf den Forschungstrieb als die Wurzel dieser Naivität enthält: Galilei ist entschlossen, sich unter allen Umständen günstige Bedingungen für seine Forschungsarbeit zu sichern, wie der Anti-Rationalist Sagredo kühl analysiert:

> So mißtrauisch in deiner Wissenschaft, bist du leichtgläubig wie ein Kind in allem, was dir ihr Betreiben zu erleichtern scheint. (39)

Der Wunsch, der Vernunft und der Wahrheit auf dem Feld der Wissenschaft zum endgültigen Durchbruch zu verhelfen durch Anhäufung von Beweisen, verleitet Galilei zur Leichtgläubigkeit auf dem Gebiet der Gesellschaft. In ähnlicher Weise begegnen wir auch in der Pestszene (Frau Sarti: „Sie brauchen sich nicht zu entschuldigen. Aber vernünftig ist es nicht.“) (53), in der Sonnenfleckenszene bei der Wiederaufnahme seiner Forschungsarbeit oder bei der Zurückweisung des Bündnisangebots des Eisengießers Vanni einem solchen, der Vernunft zuwiderhandelnden Galilei. So rigoros er die Widrigkeit der äußeren Bedingungen mißachtet, wenn es um seine wissenschaftlichen Untersuchungen geht, so gewissenhaft und akribisch untersucht er in diesen selbst alle Umstände, wie Frau Sarti es bei der Galilei willkommenen Nachricht vom nahen Tod des alten Papstes treffend und bildhaft-anschaulich zum Ausdruck bringt:

> Fünfzigmal wiegt der Mann seine Eisstückchen ab, aber wenn es zu etwas kommt, was in seinen Kram paßt, glaubt er es blind! (89)

Die Schlußfolgerung aus diesem Widerspruch überläßt Brecht dem Zuschauer. In ihm will er, ganz dem Geist des wissenschaftlichen Zeitalters verpflichtet, die Überzeugung wecken, daß die gesellschaftlichen Bedingungen mit dem in den Wissenschaften üblichen Maß an Mißtrauen, Vernunft und Zweifel zu untersuchen sind, damit, wie es Brechts in zeitlicher Nähe zum ersten *Galilei* entstandenes Gedicht *Lob des Zweifels* zum Ausdruck bringt, aus dem Zweifel schließlich revolutionäre Gewißheit wird:

> Schönster aller Zweifel aber
> Wenn die verzagten Geschwächten den Kopf heben und
> An die Stärke ihrer Unterdrücker
> Nicht mehr glauben! (GW 9, S. 626)

4.1.3
Heldentum und Verbrechertum

Es ist die oben erläuterte aufklärerische Grundhaltung, die die Tätigkeit des Forschers und Wissenschaftlers zu einer gesellschaftlich wirksamen und damit produktiven Kraft macht. Indem dieser – so zeigt es das erste Bild des Stückes – Forschen und Erkennen als soziales Verhalten und gesellschaftliche Tätigkeit begreift, erscheinen Erneuerung der Wissenschaft und Erneuerung der Gesellschaft als untrennbar miteinander verknüpft; nur deshalb kann das Bild von der „rollenden Erde“ unweigerlich das Bild eines Umsturzes der gesellschaftlichen Verhältnisse (rollen = *revolvere*!) evozieren; die Abschaffung der geozentrischen Sichtweise und des gesellschaftlichen Machtzentrums sind eins:

> Und die Erde rollt fröhlich um die Sonne, und die Fischweiber, Kaufleute, Fürsten und die Kardinäle und sogar der Papst rollen mit ihr. Das Weltall aber hat über Nacht seinen Mittelpunkt verloren, und am Morgen hatte es deren unzählige. So daß jetzt jeder als Mittelpunkt angesehen wird und keiner. (10)

Mit der Gleichsetzung von „Stellarisierung der Erde“[71] und Demokratisierung der Gesellschaft führt Brecht wiederum eine auf die Aufklärung verweisende „Nachwirkung, die sich erst ein halbes Jahrhundert später bei Fontenelle andeutete, auf Galilei selbst zurück“.[72] Das ermöglicht es ihm, Galilei nicht nur als Helden der Wissenschaften erscheinen zu lassen, wie er ihn während der Proben in Berlin nannte, sondern auch als Beförderer einer neuen, sozialrevolutionären Bewegung, zu deren Vorreiter dieser im Vertrauen auf die Vernunft der Menschen die Wissenschaft erklärt:

> Ich sage voraus, daß noch zu unsern Lebzeiten auf den Märkten von Astronomie gesprochen werden wird. Selbst die Söhne der Fischweiber werden in die Schulen laufen. Denn es wird diesen neuerungssüchtigen Menschen unserer Städte gefallen, daß eine neue Astronomie nun auch die Erde sich bewegen läßt. (10)

An dieser Äußerung Galileis läßt sich die zentrale Bedeutung ersehen, die das Bild von der sich bewegenden Erde für ihn selbst wie für Brecht hat. Einerseits erweist sich Bewegung als universal gültiges physikalisch-astronomisches Prinzip, dem nun auch die Erde durch einen fast voluntaristischen Akt der Forscher unterworfen wird („Jetzt haben wir Mut gefaßt und lassen sie im Freien schweben [...].“) (10); andererseits bedeutet die Entdekkung dieses Gesetzes den Bruch mit einem metaphysischen Weltbild, das zur Legitimation einer hierarchisch strukturierten Herrschaftsform dienen mußte, und bringt damit Bewegung in die erstarrten gesellschaftlichen Verhältnisse; was lange Zeit als unumstößlich galt, erweist sich nunmehr als unhaltbar („Die alten Lehren, die tausend Jahre geglaubt wurden, sind ganz baufällig“) (21). Bewegung und Veränderung sind somit auch auf dem Gebiet der Gesellschaft gültige Gesetze:

> Die Städte sind eng, und so sind die Köpfe. Aberglauben und Pest. Aber jetzt heißt es: da es so ist, bleibt es nicht so. Denn alles bewegt sich, mein Freund. (8 f.)

Die zentrale Rolle des Astronomen und Wissenschaftlers in dieser Konstellation resultiert daraus, daß er als forschendes und erkennendes Subjekt zwischen der von ihm beobachteten Welt und der Gesellschaft vermittelt und mit der Weitergabe seiner Erkenntnisse Motor auch der gesellschaftlichen Veränderung wird.

Von Beginn an wird Galilei gezeigt als einer, der sich dieser Doppelrolle des Entdeckers und Sozialrevolutionärs bewußt ist und sie akzeptiert:

> Auf Grund unserer Forschungen, Frau Sarti, haben, nach heftigem Disput, Andrea und ich Entdeckungen gemacht, die wir nicht länger der Welt gegenüber geheimhalten können. Eine neue Zeit ist angebrochen, ein großes Zeitalter, in dem zu leben eine Lust ist. (12)

Nicht nur in den Ursprüngen seiner Arbeit weiß sich Galilei – wie die Hinweise auf die Erfindungsgabe der Bauleute in Siena (9) oder auf seine Tätigkeit als Direktor des Großen Arsenals von Venedig (49 f.) belegen – dem Volk als dem Subjekt der gesellschaftlichen Veränderung verpflichtet, sondern auch in den Konsequenzen. Zu diesen gehört der Mut, den er in der Pestszene durch sein Ausharren im Angesicht einer lebensbedrohenden Situation beweist; überdies aber verlangt er im Gespräch mit dem kleinen Mönch auch den revolutionären Zorn („Zum Teufel, ich sehe die göttliche Geduld Ihrer Leute, aber wo ist ihr göttlicher Zorn?") (79) und definiert für sich selbst die Rolle des Kämpfers:

> Es setzt sich nur so viel Wahrheit durch, als wir durchsetzen; der Sieg der Vernunft kann nur der Sieg der Vernünftigen sein. (78)

Noch direkter und deutlicher spricht er seine Möglichkeiten in der Auseinandersetzung mit Ludovico aus: „Ja, ich könnte seine Bauern aufstören, neue Gedanken zu denken. Und seine Dienstleute und seine Verwalter" (91). Als er bald darauf trotz des Verbotes der kopernikanischen Lehre die Forschungen zu den Sonnenflecken aufnimmt (und damit Ludovico verstößt), kommt das einer Kampfansage an die mächtige Institution der Kirche und die Heilige Kongregation gleich: Galilei führt seine Wissenschaften in einen sozialen Machtkampf, den er mit Hilfe der Vernunft und der Überzeugungskraft seiner Beweise zu bestehen hofft.

Als Fazit formuliert Galilei in seiner Selbstverurteilung am Schluß des Stückes, daß die Tätigkeit des Wissenschaftlers der „Menge" gegenüber verpflichtet ist und ihrem Wohl zu dienen hat:

> Aber können wir uns der Menge verweigern und doch Wissenschaftler bleiben? Die Bewegungen der Himmelskörper sind übersichtlicher geworden; immer noch unberechenbar sind den Völkern die Bewegungen ihrer Herrscher. Der Kampf um die Meßbarkeit des Himmels

ist gewonnen durch Zweifel; durch Gläubigkeit muß der Kampf der römischen Hausfrau um Milch immer aufs neue verlorengehen. Die Wissenschaft, Sarti, hat mit beiden Kämpfen zu tun. (125)

Von Bedeutung ist, daß Brecht es nicht bei der Formulierung eines Selbstverständnisses durch den Physiker beläßt. Vielmehr wird seine zentrale Rolle von den im Widerstreit liegenden gesellschaftlichen Kräften selbst erkannt und beschrieben. Damit vermeidet der Autor die Gefahr, daß die Äußerungen der Hauptfigur rein deklamatorisch bleiben und ihre ganze Haltung letztlich als idealistisch erscheint. Der die alten Kräfte repräsentierende Inquisitor fürchtet den revolutionären Impuls, der von dem neuen Weltbild und Galileis Methoden ausgeht („Was käme heraus, wenn diese alle, schwach im Fleisch und zu jedem Exzeß geneigt, nur noch an die eigene Vernunft glaubten [...].") (106), und für das aufstrebende Bürgertum artikuliert Vanni dessen besonderes Interesse an der neuen Wissenschaft: „Ich stehe und falle mit Männern wie Sie, Herr Galilei" (101). Auch in den Versen des Balladensängers in Szene 10 wird Galilei als derjenige gefeiert, an den das Volk große Erwartungen knüpft, weil es von ihm, seinen Lehren und Methoden die Befreiung aus jahrhundertelanger Unterdrückung erhofft mit dem Ziel, endlich „sein eigner Herr und Meister" (95) zu sein.

Held ist Galilei also in mehrfacher Hinsicht: Zunächst in seiner Eigenschaft als großer Entdecker und Erneuerer; er ist einer Äußerung Brechts zufolge „ein Förderer der Wissenschaften"[73], der auch noch nach dem Widerruf „seinem so schwachen Körper eine ungeheure Heldentat ab[zwingt], indem er die *Discorsi* schreibt".[74] In einer zweiten Hinsicht ist er Held als Avantgardist – fast scheint es, Protagonist – einer großen sozialen und revolutionären Bewegung, die er heraufkommen sieht, begrüßt und fördern hilft. Für seine Wissenschaft und damit für sich selbst reklamiert er eine zentrale Rolle in diesem Prozeß. Drittens gewinnt er heldenhafte Züge durch seinen Mut und seine Unerschrockenheit, die ihn vor allem in der Pestszene in die Nähe eines Märtyrers der Wissenschaft rücken.

Freilich wird dem idealen Bild des wissenschaftlichen und sozialen Helden von Beginn an keine volle Entfaltung gestattet. Bereits in die das Stück eröffnende Vision des neuen, glücklichen

Zeitalters treten mahnend und ernüchternd die realen Lebensbedingungen. Zwar reagiert Galilei auf Frau Sartis Erinnerung an die offene Milchrechnung (12) mit einem Lachen, aber gleich darauf sieht er sich gezwungen, den Unterricht für Andrea abzubrechen, um an dessen Stelle mit Ludovico einen desinteressierten und unbegabten, aber wohlhabenden Schüler anzunehmen: „Es wird auf deine Kosten gehen, Andrea. Du fällst natürlich dann aus. Du verstehst, du zahlst nichts“ (15). Fast konsequent entwikkelt sich aus diesem kleinen Zugeständnis aus materieller Notwendigkeit Galileis erster Betrug: die von Ludovico mitgeteilte holländische Erfindung des Fernrohrs (15) gibt er gegenüber der Signoria von Venedig als seine eigene aus (Szene 2). Der rationale Analytiker entpuppt sich hier auch als kühler Rechner, der für 500 Skudi zu einer Lüge bereit ist und darin sein späteres, viel größeres Versagen schon andeutet. Brecht urteilt im *Kleinen Organon:*

> Wenn jedoch, so betrachtet, seine Scharlatanerei nicht sehr viel bedeutet, zeigt sie doch an, wie entschlossen dieser Mann ist, den leichten Weg zu gehen und seine Vernunft in niedriger wie in hoher Weise zu verwenden. Eine bedeutsamere Prüfung steht bevor, und macht nicht jedes Versagen ein weiteres Versagen leichter? (GW 16, S. 692)

Allerdings ist Galileis Handlungsweise nicht als charakterliche Schwäche ausgelegt, sondern als unumgänglicher Akt der Selbsthilfe, weil die venezianische Gesellschaft ihrem Angestellten nicht zu gewähren bereit ist, was er als materielle Grundlage seiner Arbeit benötigt. Diese Sichtweise stellt Brecht dadurch sicher, daß er in die Fernrohr-Handlung, mit der Nachricht von der Erfindung am Beginn und der Übergabe an die Signoria am Ende, den Auftritt des Kurators der Universität Padua einbettet. Galileis Ersuchen um eine Gehaltserhöhung lehnt dieser unter Hinweis auf die fehlende kommerzielle Verwertbarkeit der Galileischen Arbeit ab („Skudi wert ist nur, was Skudi bringt.“) (18) und verlangt statt dessen eine weitere so nützliche Erfindung wie den Proportionalzirkel, etwas, „was die höchsten Herren entzückt und in Erstaunen gesetzt hat und was Bargeld getragen hat“ (20), von Galilei aber als „Schnickschnack“ (20) bezeichnet wird. Galilei liefert also mit dem Fernrohr nur, was die den ökonomischen Grundsätzen des Kapitalismus verpflichtete Republik Venedig über ihren Agenten Priuli dem Forscher abfordert, „die Ware, die herzustellen man ihn erpreßt hat" (GW 16, S. 692). In dieser Zwangslage allerdings schreckt er auch nicht vor Unterwürfigkeit und Heuchelei zurück. Die eben noch dem Kurator gegenüber verächtlich zurückgewiesene Verpflichtung zur Lieferung nützlicher Erfindungen erklärt er nun bei der Übergabe des Teleskops „mit tiefer Freude und aller schuldigen Demut" (23) zur vornehmen Aufgabe des Universitätslehrers und Direktors des Großen Arsenals. Gleich darauf stellt er aber, das ganze als „Karneval" bezeichnend, die Distanz zu seinem Verhalten her und legt seinem Freund Sagredo, nachdem er den Tauschwert des Teleskops genutzt hat, fasziniert dessen Gebrauchswert für seine Forschungen dar. Durch die Herstellung dieser Zweck-Mittel-Relation und dieses gesamten Kontextes gewährleistet Brecht, daß Galileis Verhalten nicht in erster Linie mit moralischen Maßstäben gemessen und als naturhaft-kriminell angesehen wird, sondern als praktische Erfordernis einer bestimmten Situation, die – wie Galilei selbst auseinandersetzt – eine solche Entscheidung verlangt:

> Wie soll ich arbeiten, mit dem Gerichtsvollzieher in der Stube? Und Virginia braucht wirklich bald eine Aussteuer, sie ist nicht intelligent. Und dann, ich kaufe gern Bücher, nicht nur über Physik, und ich esse gern anständig. Bei gutem Essen fällt mir am meisten ein. Ein verrottetes Zeitalter! (31)

Schlecht ist also das Zeitalter, das ein solches Verhalten geradezu erzwingt, nicht der Charakter. Angedeutet ist aber, daß der große Künder der neuen Zeit zu allerhand Kompromissen bereit ist, sofern durch sie seine weitere Forschertätigkeit sichergestellt wird, die sich immer wieder als Triebfeder aller seiner Entschlüsse erweist. Spätere Situationen folgen dem am Beginn des Stückes entwickelten Grundmuster, wobei ein steigerndes Prinzip in der Tragweite der Entscheidungen und im Maß der Kompromisse unverkennbar ist, indem die gesellschaftlichen Kräfteverhältnisse zunehmend und unvermeidlich Bestandteil des Kalküls werden. Im Konflikt zwischen der in Venedig garantierten Freiheit der Forschung „ohne freie Zeit zu forschen" und der freien Zeit zur Forschung ohne die entsprechende Forschungsfreiheit am Florentiner Hof der Medici entscheidet er sich allen Warnungen Sagredos zum Trotz für das die alten Machtverhältnisse repräsentierende Großherzogtum:

Mein Lieber, ich brauche Muße. Ich brauche Beweise. Und ich will die Fleischtöpfe. Und in diesem Amt werde ich nicht Privatschülern das Ptolemäische System einpauken müssen, sondern die Zeit haben, Zeit, Zeit, Zeit, Zeit! meine Beweise auszuarbeiten, denn es genügt nicht, was ich jetzt habe. (37)

Diese Entscheidung für die „freie Zeit zu forschen" kommt auch in Galileis Bewußtsein einer Unterwerfung unter die Feudalmacht gleich, die er aber zugunsten einer besseren materiellen Absicherung seiner Forschungsarbeit in Kauf nimmt, wie seine Replik auf einen Vorwurf Sagredos verdeutlicht:

Ich sehe, du findest meinen Brief zu unterwürfig? Ich frage mich, ob er unterwürfig genug ist, nicht zu formell, als ob es mir doch an echter Ergebenheit fehlte. [...] Ein Mann wie ich kann nur auf dem Bauch kriechend in eine halbwegs würdige Stellung kommen. (37 f.)

Dieser Schritt Galileis ist deshalb von einigem Gewicht, weil er einen zumindest zeitweiligen Verzicht auf das einstmals beschworene Einvernehmen mit den Kräften der neuen Zeit bedeutet und der Künder der neuen Zeit den Dienst am neuen Zeitalter im Sold der alten Mächte verrichten zu können hofft. Durch den Widerruf wird dieser zunächst taktisch begründete und zeitweilige Verrat an den ihm verbundenen sozialen Kräften endgültig. Der Verzicht auf die Durchsetzung der von ihm gewonnenen wissenschaftlichen Erkenntnisse und damit der Wahrheit kommt also einer Kapitulation in der klassenkämpferischen Auseinandersetzung gleich: „Galilei wurde zum Schädling, als er seine Wissenschaft in diesen Kampf führte und den Kampf dann verließ."[75] Folgerichtig sieht Brecht in einem seiner Notate zu Laughtons Galilei den eigentlichen Verrat nicht in Szene 13, sondern bereits in Szene 11 vollzogen[76], als Galilei sich in der Zurückweisung des Bündnisangebots Vannis der sozialen und politischen Verantwortung für seine Lehre entzieht mit den Worten:

Jeder Nächstbeste mit irgendeiner Beschwerde hierzulande wählt mich als seinen Wortführer [...]. Ich habe ein Buch geschrieben über die Mechanik des Universums, das ist alles. Was daraus gemacht oder nicht gemacht wird, geht mich nichts an. (101)

Auf zweifache Weise verstärkt Brecht den verbrecherischen Charakter der Tat. Zum einen wird sie sozusagen sehenden Auges, im vollen Bewußtsein der Konsequenzen, begangen. Schon im Gespräch mit dem kleinen Mönch, noch deutlicher aber in der Mucius-Episode der neunten Szene scheint Galilei seinen Rückzug in Kenntnis seiner Genußsucht und der Neigung zu körperlichem Wohlergehen vorauszuahnen in dem Verdikt, das ebenso ihm selbst nach dem Widerruf gelten könnte: „Ich sage Ihnen: Wer die Wahrheit nicht weiß, der ist bloß ein Dummkopf. Aber wer sie weiß und sie eine Lüge nennt, der ist ein Verbrecher!" (81). Zum anderen gilt dem Dramatiker als Ausdruck einer tiefen Verlumptheit Galileis die kühle und zynische Selbstanalyse, mit der dieser die „goldene Brücke zurück in die Achtung der Wissenschaftler" (GW 17, S. 1131) zerstört, die Andrea ihm durch das Aufwiegen des Verrats mit dem epochalen wissenschaftlichen *Discorsi*-Werk zu bauen versucht.[77] Mit einem verächtlichen „Willkommen in der Gosse, Bruder in der Wissenschaft und Vetter im Verrat!" (124) weist er – ganz mit dem Einverständnis Brechts[78] – Andreas an die Volkslegende erinnerndes Ansinnen zurück, den Widerruf als planvolle List um des höheren Zieles der großen wissenschaftlichen Erkenntnis willen zu interpretieren. Statt dessen beweist er ihm,

> beginnend mit einer Verurteilung „schlechten Denkens", gleichsam nur um brillant zu demonstrieren, wie ein wissenschaftlich Geschulter einen Fall wie den seinen zu analysieren habe, [...] daß das wertvollste Werk niemals den Schaden aufwiegen kann, der durch einen Verrat an der Menschheit entstehen muß. (GW 17, S. 1131 f.)

Als Kern seines Verrates betrachtet er wie Brecht die Herauslösung seiner Wissenschaft aus den sozialen Kämpfen und damit ihre Isolierung vom Volk:

> Ich hatte als Wissenschaftler eine einzigartige Möglichkeit. In meiner Zeit erreichte die Astronomie die Marktplätze. Unter diesen ganz besonderen Umständen hätte die Standhaftigkeit eines Mannes große Erschütterungen hervorrufen können. (126)

Gegen eine solche Abtrennung der Wissenschaft vom Volk und den Menschen stellt Galilei (mit ihm auch Brecht) die Forderung nach der sozialen Verantwortlichkeit jeder Wissenschaft, ihrer Verpflichtung für die Menschlichkeit:

> Hätte ich widerstanden, hätten die Naturwissenschaftler etwas wie den hippokratischen Eid der Ärzte entwickeln können, das Gelöbnis, ihr Wissen einzig zum Wohle der Menschheit anzuwenden. (126)

Auch die Gründe für seinen Widerruf macht Galilei kühl zum Gegenstand seiner „mörderischen Analyse" (127), wie Andrea das Selbstgericht bezeichnet: nichts als die Furcht vor „körperlichem Schmerz" (123) und die Angst beim Anblick der „Instrumente" bringt er zu seiner Rechtfertigung vor und verweist damit auf seine Lebensfreude und seinen Hang zum Genuß als Wurzel auch dieser Entscheidung, zumal er seinen eigenen Worten zufolge „niemals in wirklicher Gefahr schwebte" (126). Jedweder Heroisierung im Sinne der von Andrea vorgebrachten taktischen Erwägungen oder gar einer grundsätzlichen Entscheidung als Ausdruck einer neuen Ethik der wertfreien Wissenschaft entziehen Galilei und Brecht damit die Grundlage.

Von vielen Interpreten ist darauf hingewiesen worden, daß Brechts Verurteilung seiner Hauptfigur in den Selbstaussagen zum Stück eine Schärfe erreicht, die sich aus dem Text des Dramas in keiner Weise belegen läßt. In der Tat verwendet Brecht an vielen Stellen Formulierungen, die im Stücktext keine direkte Entsprechung finden. So spricht er nicht nur immer wieder vom „Verbrecher" Galilei (während im Text nur in der Mucius-Szene, nicht aber in der 14. Szene der Begriff „Verbrechen" auftaucht), sondern in *Aufbau einer Rolle/Laughtons Galilei* auch vom „Schädling"[79] und „Verräter"[80], dessen

> Verkommenheit [...] sich in seiner sozialen Haltung [zeigt]; er erkauft sich seinen Komfort (selbst seine wissenschaftliche Betätigung ist nun zu einem Komfort herabgesunken) mit Handlangerdiensten, so seinen Intellekt schamlos prostituierend. (GW 17, S. 1132)

Gegen solcherart Verurteilung ist Galilei in der Sekundärliteratur des öfteren sozusagen gegen seinen Autor in Schutz genommen worden, zuletzt am deutlichsten von Sautermeister (1984), der fragt, ob Brecht mit der gnadenlosen Verdammung Galileis „dem Geist seines Textes insgesamt gerecht wurde"[81] und ob der Autor nicht einige Stellen der 14. Szene in unzulässiger Weise abgewertet habe, „entgegen dem widersprüchlichen Geist seines eigenen Textes und seiner Hauptfigur".[82] Wegen der Bedeutung dieser Art Kritik an den Selbstaussagen des Autors in der Sekundärliteratur muß dazu – in der gebotenen Kürze – folgendes gesagt werden:

Zunächst ist wohl zutreffend, daß der Text nicht verhindern kann, daß die Zuschauer für den gefallenen Galilei Sympathie entwickeln und sich gerade in seinen schwächsten Seiten ihm verbunden fühlen, zumal er sich – so entfaltet es das Stück ja – zuallererst einmal der Nachstellungen der Mächtigen erwehren muß und ihnen schließlich unterliegt: ehe er Täter wird, ist er bereits Opfer, wie es anhand des Fernrohrbetrugs modellhaft sichtbar wurde. So ist es auch in der Widerrufsszene selbst entwickelt. Als der enttäuschte Andrea seinem Lehrer mangelnden Heldenmut und fehlende Tapferkeit vorwirft mit dem Ausruf: „Unglücklich das Land, das keine Helden hat!" (113), verweist Galilei in dialektischer Umkehrung auf den mißlichen Zustand einer Gesellschaft, die ihren Mitgliedern märtyrerhaftes Verhalten abnötigt: „Unglücklich das Land, das Helden nötig hat" (114). Die eigentliche, gleichsam erste Schuld liegt also bei den gesellschaftlichen Verhältnissen und den Herrschenden, wie Brecht bei den Proben in Berlin selbst erklärte:

> Dabei ist er nicht einfach ein Mensch, der schuldig ist – schuld ist die Gesellschaft, die die Produktion zum Verbrechen macht. Natürlich ist die Inquisition schuldiger als der Galilei, er ist auch der Geschädigte.[83]

Weil das so ist, bestand Brecht auf um so deutlicherer Verurteilung Galileis, je mehr er die mögliche Sympathie für Galilei und diese „Unbotmäßigkeit des Theatralischen"[84] gegenüber dem Text als Gefahr erkannte:

> Seine Selbstanalyse darf unter keinen Umständen von dem Darsteller dazu mißbraucht werden, mit Hilfe von Selbstvorwürfen den Helden dem Publikum sympathisch zu machen. (GW 17, S. 1132)

Andererseits wird aber wohl in der Kritik an der Selbstdeutung des Autors die fehlende verbale Übereinstimmung von Dramentext und Kommentar überbewertet. Denn Galileis Selbstverurteilung ist in eine Szene eingebettet, die als Grundgestus durchaus die Verkommenheit und Verlumptheit des Physikers entwickelt, und zwar in einiger Deutlichkeit: die von ihm betriebene Wissenschaft erscheint nach dem Widerruf als Krankheit („Krätze") (120) und „Laster" (121), Galilei selbst als Sklave seiner Gewohnheiten (121) und einer, der seine „Rückfälle" hat (120). Der einstige Held einer sozialrevolutionären Bewegung kollaboriert nun mit den Herrschenden, ihnen Ratschläge zur Unterdrückung des Volkes erteilend (116f.), der einst todesmütige Verfechter seiner Wissenschaft lädt nun in feiger Manier seinem Schüler Andrea die Verantwortung für die Verbreitung der *Discorsi* auf. So wird Galilei zwar in der 14. Szene nicht Verbrecher genannt, wohl aber gezeigt als jemand, der sich wie ein solcher verhält.

Schließlich ist noch zu bedenken, daß Brechts Kategorien nicht moralischer Natur sind. Galilei hatte es, anders als Giordano Bruno, nach dem Urteil Brechts mit einer erstarkenden neuen Klasse zu tun, der er seine Unterstützung verweigerte.[85] Dieses soziale und damit historische Fehlverhalten – nicht ein charakterliches – bezeichnet Brecht mit dem Begriff des Verbrechens. Deutlich spricht es eine Notiz im *Arbeitsjournal* aus:

> im *Galilei* ist die moral natürlich in keiner weise absolut. wäre die gesellschaftliche bürgerliche bewegung, die sich seiner bedient, als absteigend dargestellt, könnte er ruhig wiederrufen [sic!] und damit etwas recht vernünftiges besorgen. (AJ 23.12.1947, S. 500)

Es handelt sich also bei Galilei nicht darum, „daß einer bei seiner Meinung stehenbleiben müsse, solange er sie für wahr hält; wofür er dann den Titel eines Charakters bekommt“[86], sondern darum, daß einer sich entsprechend den Erfordernissen der historischen Situation entscheidet. Mit diesem Postulat wendet sich Brecht aber wiederum in erster Linie an sein eigenes Zeitalter. Die Schärfe seines Urteils gilt zuallererst nicht Galilei, sondern den Wissenschaftlern seiner Zeit, die ihre Kenntnisse und ihre Arbeit in den Dienst der Entwicklung menschenverachtender und zerstörerischer Waffenpotentiale stellen, sich aber um die Folgen nicht scheren. Brecht fällt sein Galilei-Urteil unter dem Eindruck der Zündung der Atombombe über Hiroshima; seine Schärfe gewinnt es erst aus dieser traumatischen Erfahrung am Endpunkt einer Entwicklungslinie, deren Anfang Brecht in Galileis schuldhaftem Rückzug aus der sozialen Verantwortung sieht.[87] Brechts Urteil erweist sich damit selbst als historisch. Gerade deshalb aber ist Galilei in seinen Augen nicht nur der Ur-Vater der „‚Erbsünde‘ der modernen Naturwissenschaften“ (GW 17, S. 1109), sondern auch das erste Kind des wissenschaftlichen Zeitalters, dem Brecht sich selbst zurechnet.

4.2
Galileis Familie

Ein Blick auf das Personal des Schauspiels belegt, daß Brecht in der Gestaltung des unmittelbaren sozialen Umfeldes seiner Hauptfigur offenbar wenig Wert auf historische Exaktheit gelegt hat. Bei Frau Sarti und ihrem Sohn Andrea handelt es sich um eine Erfindung des Autors, die konkreter historischer Vorbilder entbehrt. Ähnlich verhält es sich mit Virginia. Zwar hatte der historische Galilei eine Tochter dieses Namens, aber sie weilte nur kurze Zeit bei ihm in Florenz, eine geplante Hochzeit gab es ebensowenig wie die Pflege während der Jahres des Arrestes, weil sie sich als Nonne im Koster befand. Gleichwohl war ihr Galilei in väterlicher Liebe eng verbunden. Am ehesten findet die familiäre Fürsorge nach dem Widerruf noch eine historische Entsprechung in Galileis Sohn Vincenzio, der aber wiederum im Stück keine Erwähnung findet. Welche dramatischen Zwecke hat Brecht mit dieser – man muß unterstellen, bewußten – Abweichung der Figurengestaltung von der historischen Wahrheit verfolgt?

4.2.1
Frau Sarti

In der Haushälterin Sarti hat Brecht in vielerlei Hinsicht eine Kontrastfigur zum großen Gelehrten Galilei geschaffen. Von der ersten Szene des Stückes an steht sie für die Welt des Glaubens und des Aberglaubens, bangt deshalb um das Seelenheil ihres Sohnes Andrea und sieht die kopernikanischen Ideen als gefährliches, „unheiliges Zeug“ (12) an. Sie betrachtet nur jemanden, der das Horoskop stellt, als „richtigen Astronomen“ (82), Galileis Wissenschaft hingegen als Krankheit, Ketzertum und „Sünde“ (90), gegen die nicht einmal das Spenden einer Kerze hilft (90). So repräsentiert sie die ungebrochene Macht der kirchlichen Ideologie und deren anhaltenden Einfluß auf die Köpfe der Menschen. Sie ist im alten Weltbild befangen und damit, wie der kleine Mönch, der lebendige Beweis, daß die Machtmittel der Kirche gerade nicht nur „vorwiegend körperlich wirksam“ sind und „nur bis an die Haut“[88] reichen, wie Backes (1981) meint, sondern tiefer dringen, weil sie ideologisch wirksam sind. Indem sie in der 9. wie in der 1. Szene als unverändert gläubige Tochter der katholischen Kirche erscheint, deren ganzes Denken sich zwischen den beiden Polen „Sünde" und „ewige Seligkeit" (90) bewegt, erweist sie sich als „unaufgeklärt und unaufklärbar"[89]. An ihr scheitert der große Aufklärer Galilei mit seinem Anspruch, „Beweise für jedermann, von Frau Sarti bis hinauf zum Papst" (37), zu bringen: weder die eine noch den anderen, die beiden sozialen Enden der Gesellschaft repräsentierend, kann er gewinnen. Das ist um so erstaunlicher, als sich Galilei gerade in den Momenten höchsten sozialen Anspruchs auf den „Kampf der römischen Hausfrau um Milch" (125) beruft, den die Wissenschaft neben dem „Kampf um die Meßbarkeit des Himmels" (125) zu kämpfen habe. Nicht zufällig ist das Glas Milch das erste Requisit des Stückes: von der ersten Szene an ist die Figur der Frau Sarti, der implizit ein Platz am unteren Ende der von Galilei entwickelten alten sozialen Rangordnung („der Papst, die Kardinäle, die Fürsten, die Gelehrten, Kapitäne, Kaufleute, Fischweiber und Schulkinder") (8) zugewiesen wird, mit dem Bild des Kampfes um Milch, mit den Nöten und praktischen Erfordernissen des Alltags also, verknüpft. In Wiederholung eines Hinweises ihres Sohnes („Mutter sagt, wir müssen den Milchmann bezahlen.") (7) konfrontiert eine kleine Bemerkung die praktische Vernunft der Sarti mit der Naivität und Praxislosigkeit, der Eindimensionalität des Galileischen Vernunftbegriffs, als die Haushälterin der hehren und abstrakten Idee von der neuen Zeit sozusagen die Milchrechnung aufmacht: „Hoffentlich können wir auch den Milchmann bezahlen in dieser neuen Zeit, Herr Galilei" (12). Diese Probe aufs Exempel, so lehrt es die Figur der Sarti, besteht Galilei nicht, seine Theorie bleibt praxislos.

Bei allem ideologischen Zwist ist Frau Sartis ganzes Verhalten aber von der Sorge um das Wohlergehen ihres Herrn und seiner Tochter Virginia geprägt und steht damit für menschliche Solidarität und die sprichwörtliche Brechtsche Freundlichkeit. Sie ist bis zur Gefahr für Leben und Gesundheit loyal, von einer Selbstlosigkeit also, die der Forscher in der Pestszene als „wahnsinnig" (53) bezeichnet. Diese „zartsinnige Humanität inmitten religiöser Befangenheit"[90] ragt durchaus nicht „unabsichtlich-unvermittelt aus dem Handlungsgefüge"[91] heraus, sondern sie ist absichtsvoll gezeichnet als die menschliche Eigenschaft, auf die Brecht seine Hoffnung auf eine neue, humanere Gesellschaft gründet.

4.2.2
Virginia

Während in der dramatischen Struktur des Stückes die Gestalt der Haushälterin der Hauptfigur zu- und untergeordnet ist und außer durch ihre Krankheit in der Pestepisode (die sie aber als Opfer der Forschungssucht Galileis zeigt) kaum mit größeren Handlungselementen ausgestattet ist, kann man für die Tochter des Wissenschaftlers durchaus von einer eigenständigen Handlung sprechen. Wir begegnen ihr zuerst bei der Überreichung des Fernrohrs an die Signoria von Venedig, an der sie mit einigem Stolz auf ihren Vater teilnimmt, weil sie im Gegensatz zu diesem (Galilei: „Karneval") (24) und Ludovico die wahren Zusammenhänge nicht durchschaut. Sie ist hier Teil eines gesellschaftlichen Zeremoniells und wird von ihrem Vater bloß als Staffage, gewissermaßen als Dekoration des Fernrohrs, benutzt. Virginia ihrerseits ist anfällig für die Annehmlichkeiten des Lebens in den ersten Kreisen der Gesellschaft, deren Schmeicheleien sie leicht erliegt. Das wird von Galilei geschickt ausgenutzt: im Kardinalspalast in Rom wandelt er ihren Wunsch nach Schönheit im Aussehen ganz zweckrational in eine Waffe für die Durchsetzung seiner wissenschaftlichen Anschauungen um: „Du mußt, sonst zweifeln sie sofort wieder, daß sie sich dreht" (64). Den eigentlichen Zweck des Fernrohrs hingegen und das Geheimnis der Erdrotation hält er vor ihr verborgen, weil er sie für „nicht intelligent" (31) hält. Ihr Interesse an seiner „Erfindung" tut er mit einem lapidaren „Es ist kein Spielzeug" (36) ab und überläßt die Ausformung ihres Weltbildes der Kirche, die sich damit ihren Einfluß in unmittelbarer Nähe des argwöhnisch beobachteten Astronomen sichert, wie der Inquisitor erkennen läßt:

> Im Haus des Fischers ißt man nicht Fisch, wie? Es wird Ihren Herrn Vater amüsieren, wenn er hört, daß Sie schließlich von mir gehört haben, was Sie über die Gestirnwelten wissen, mein Kind. (72)

Auch ihre langsam bis zur Verlobung sich herausbildende Beziehung zu Ludovico, die den Kern der Virginia-Handlung darstellt, opfert Galilei gegen den entschiedenen Einspruch Frau Sartis ohne viel Aufhebens seinem Forschungsdrang. In dem Moment, wo sich die Unvereinbarkeit der Interessen des Landgutbesitzers mit denen der freien Forschung herausstellt, hat Galilei keine

Skrupel, das Glück seiner Tochter zu zerstören. Als die Sarti ihm daraufhin das Recht bestreitet, „auf dem Glück deiner Tochter herumzutrampeln mit deinen großen Füßen“ (90), verlangt er „mürrisch“ nach dem Teleskop, und Virginias ohnmächtiges und von Ohnmacht gefolgtes „Du hast ihn weggeschickt, Vater!“ (93) übergeht er achtlos mit dem ebenso unangemessenen wie maßlosen Satz: „Ich muß es wissen“ (93). So treibt er Virginia in die Arme seiner Gegner; mehr als seine eigene ist sie bald eine Tochter der Kirche, die in seinen Lehren eine Gefahr für sein Seelenheil sieht und den Widerruf schließlich als Erhörung ihres inbrünstigen Gebetes interpretiert, als Bewahrung vor der Verdammnis. Darin spiegelt sich der „religiöse Konservativismus“[92] als Gegner des neuen Weltbildes, man muß darin aber auch eine ernste Sorge um das körperliche, vor allem aber das seelische Wohlergehen ihres Vaters sehen, um das sie fortan aufopferungsvoll bemüht sein wird. Mit dialektischer Schärfe hat Brecht so das Verhalten dieser Figur gezeichnet: die Verweigerung des Wissens schlägt um in tiefe Gläubigkeit, ihre Opferbereitschaft für den Vater ist Ausdruck ihrer Opferung durch ihn: „Wenn ihr Vater ihr irdisches Glück geopfert hat, kann sie sich nur für sein ewiges Glück opfern.“[93] Fast scheint es, daß das in Erfüllung eines verschlüsselten Auftrags, jedenfalls aber einer in richtiger Einschätzung der wahren Machtverhältnisse ausgesprochenen Prophezeiung des Inquisitors geschieht, der schon in Szene 7 zu ihr sagt:

> Ja, ich freue mich, daß Sie Ihren Herrn Vater also begleiten. Er wird Sie brauchen, Sie mögen es sich nicht vorstellen können, aber es wird so kommen. Sie sind noch so jung und wirklich so sehr Fleisch und Blut, und Größe ist nicht immer leicht zu tragen für diejenigen, denen Gott sie verliehen hat, nicht immer. (73)

Auf jeden Fall geht Virginias Bündnis mit der Kirche so weit, daß sie sich dieser als „Spitzel der Inquisition“[94] gegen den eigenen Vater zur Verfügung stellt und so die einstigen Verhältnisse umkehrt: der Vater ist nun in jeder Hinsicht auf die Tochter angewiesen; „Haushälterin, ist sie zugleich Seelsorgerin“[95]; und auf der Grenze zwischen Fürsorge und Aufsicht erscheint sie als Vormund, der alles für sein Mündel organisiert: seine Geschäfte und Besuche, seine Korrespondenz und seine Diktate, seine Arbeit und seine Ruhe ebenso wie das Essen. Jendreiek (1969)[96] hat darauf hingewiesen, wie Brecht die umgekehrte Abhängigkeit auch in einer Dialogfigur versinnbildlicht: war es in Szene 3 Galilei, der in Mißachtung der eigentlichen Intention Virginias Frage „Wie war die Nacht, Vater?" knapp und abweisend mit „Hell" (36) beantwortete, so ist es in Szene 14 Galilei, der seiner nachlassenden Sehkraft wegen die Frage stellt und nun seinerseits „mit sarkastisch-abweisender Knappheit"[97] und einem kurzen „Hell" (127) abgefertigt wird. So verkörpert Virginia einerseits „wirksam die Macht der Kirche und damit der alten ptolemäischen Welt über Galilei"[98] und führt ihm sein Versagen ständig und leibhaftig vor Augen, andererseits ist sie auch ein Bild des von den Interessen fremder Mächte zum Objekt und zum Werkzeug degradierten Menschen[99], der erst durch die Annahme der Opferrolle andeutungsweise zum Subjekt wird, indem sie ungeachtet dessen, was ihr widerfahren ist und noch widerfährt von diesem alten, bösartigen Mann[100], an der Liebe zu ihrem Vater festhält.

Auch hier fällt der scharfe Gegensatz zwischen Anfang und Ende des Stückes ins Auge. Virginias persönliches Glück ist von Beginn an mit der gesellschaftlichen Anerkennung ihres Vaters verknüpft und muß deshalb im Moment seines Falles zerbrechen. Anders ausgedrückt: privates, familiäres Glück erscheint im Stück nur erreichbar in Übereinstimmung mit der Einlösung eines allgemeinen, gesellschaftlichen Glücksversprechens, wie es Galilei im Begriff der „neuen Zeit" im ersten Bild des Stückes impliziert. Die Zeiten des großen Unglücks und der Kämpfe zwischen den Klassen, so zeigen es die Trennung von Ludovico und das Urteil des Inquisitionsgerichts, gestatten nicht das kleine Glück. Letztlich ist „Familie" im Sinne eines intakten Beziehungsgeflechts nur im eher tragischen Bild der 14. Szene angedeutet und anders auch in diesem Stück kaum denkbar: Galilei ist seiner Tochter „Nähr- und Pflegevater"[101], mehr nicht. Ansonsten überläßt er sie sich selbst, seiner Haushälterin und den Vertretern der Kirche. Seine Zuwendung gilt seinem eigentlichen Sohn, Andrea, dem er auch geistiger Vater ist und den er am Ende mit den *Discorsi* als Erbschaft ausstattet.

4.3
Die Repräsentanten der alten Zeit

Vom ersten Bild des Stückes an bleiben „alte Zeit" und „neue Zeit" nicht bloß abstrakte Begriffe, die Galilei als Signum zweier sich im Kampf befindender Weltbilder – und das heißt: Epochen – dienen. Weil es sich nach Galileis und zuvorderst nach Brechts Verständnis um den Kampf zweier Klassen handelt, sind diese natürlich auch personal im Stück repräsentiert und individualisiert.

Während die neue Zeit in der ersten Szene durch Galilei selbst und durch den neugierigen Andrea personifiziert ist, wird der leibhaftige Auftritt der Repräsentanten der alten Zeit dort bildhaft vorweggenommen: bevor in Szene 6 der sehr alte Kardinal zusammensinkt (62), beschwört Galilei in der Eingangsszene die neu entstehende Zugluft, „welche sogar den Fürsten und Prälaten die goldbestickten Röcke lüftet, so daß fette und dürre Beine darunter sichtbar werden" (9), und noch ehe später in der gleichen Szene die Mönche und Gelehrten, um die Absurdität des neuen Weltbildes zu demonstrieren, die Komödie von der taumelnden Erde spielen (58 f.), spricht Galilei schon davon, daß die Erde fröhlich rollt und die „Fürsten und die Kardinäle und sogar der Papst" (10) mit ihr. Auf drei verschiedenen gesellschaftlichen Feldern läßt Brecht die Vertreter der zu Ende gehenden feudalen Epoche agieren: die politische und ideologische Macht liegt beim hohen Klerus und der Kirche mit dem Papst als geistlichem und weltlichem Oberhaupt; auf dem Gebiet der Wissenschaften sind es die Florentiner Hofgelehrten, die das alte Weltbild verfechten; und die ökonomischen, sozialen und politischen Interessen des Landadels vertritt mit der gebotenen Konsequenz Ludovico.

Die untergeordnete Rolle, die Cosmo de Medici im Stück zukommt, verdeutlicht Galileis Fehleinschätzung der Bedeutung und der Autorität des Großherzogs, gleichzeitig auch Brechts Einschätzung der historischen Gesamtkonstellation: die weltlich-politische Macht liegt bei der Kirche und nicht beim florentinischen Hof.

Insgesamt sind die Figuren, die der alten Zeit zuzuordnen sind, stärker typisiert, sie sind sozusagen statischer angelegt und kaum mit Momenten persönlicher Entwicklung oder gar eines dialektischen Umschlags ausgestattet, darin die Starre und Unbeweglichkeit der von ihnen repräsentierten Gesellschaftsordnung widerspiegelnd. Selbstredend birgt das die Gefahr der Karikatur in sich. Brecht hat sie gesehen und ihr in der Berliner Inszenierung durch entsprechende Auswahl der Schauspieler und durch das Inszenierungskonzept entgegenzuwirken versucht.[102]

4.3.1
Die Vertreter der Kirche

Eine Warnung des Kurators in der ersten Szene des Stückes läßt von Anfang an wenig Zweifel daran, daß Galileis Erneuerung der Wissenschaften selbst in der liberalen Republik Venedig („Wir in Padua lassen sogar Protestanten als Hörer zu.") (17) die Kirche auf den Plan rufen muß, weil sie ihren Interessen zuwiderläuft. Als Galilei Giordano Bruno erwähnt, mahnt der Kurator:

> Nebenbei, bei aller Freiheit ist es doch rätlich, einen solchen Namen, auf dem der ausdrückliche Fluch der Kirche ruht, nicht so sehr laut in alle Winde zu rufen, auch hier nicht, ja, nicht einmal hier. (17)

Die Kirche ist damit in erster Linie als machtvolle Institution gekennzeichnet, deren langer Arm auch nach Venedig reicht und die durch die Inquisition „herrscht und brennt" (18). Das entspricht Brechts Intention, die einer Anmerkung zur dänischen Fassung zufolge darauf angelegt ist, im vorliegenden Stück „die Kirche, auch wo sie der freien Forschung entgegentritt, einfach als Obrigkeit" zu zeigen (GW 17, S. 1110).

Deren entschiedenster Vertreter im Stück ist der Mann, der auch an der Spitze der mächtigsten Institution steht: der Inquisitor. In Szene 12, in der Brecht dem Zuschauer mit dem Blick in die Gemächer des Vatikans zugleich eine Innenansicht der Macht ermöglicht, ist sein zentrales Anliegen die Bannung der Gefahr, die er von den neuen Erkenntnissen für die Herrschaft der Kirche ausgehen sieht. Im Zwiegespräch mit ihrem obersten Vertreter erweist er sich als gewiefter Machtpolitiker, Taktiker und Redner: in einem rhetorischen Kraftakt macht er sich die draußen wartenden hohen Repräsentanten des Staates und der Kirche ebenso zunutze („das Geschlurfe vieler Füße" macht den Papst nervös) (105) wie die Schmeicheleien („Eurer Heiligkeit Liebe zur Kunst, der wir so schöne Sammlungen verdanken") (105), Appelle an die Eitelkeit (er führt Galileis *Dialoge* an, in denen die Positionen der Kirche vom dummen Simplicio vertreten werden) oder die massiven Hinweise auf die Gefährdung der päpstlichen Macht und Autorität. Richtigkeit und Wahrheit des eigenen Weltbildes sind ihm im Grunde genauso gleichgültig wie die der neuen Wissenschaft; nützliche Ergebnisse und Produkte der neuen Wissenschaften, z. B. die Sternkarten, vereinnahmt er auch gegen päpstlichen Einspruch ohne Skrupel, wenn sie „materielle Interessen" (107) befriedigen und zur Herrschaftssicherung beitragen. Ebenso garantiert aber nur die Unangefochtenheit der eigenen Lehre den Machterhalt, daran zweifelnde Menschen bedeuten Machtverlust: „Sie möchten, erst einmal zweifelnd, ob die Sonne stillstand zu Gibeon, ihren schmutzigen Zweifel an den Kollekten üben!" (106). Die kirchliche Glaubenslehre ist also das theoretische Fundament, das verteidigt wird, weil es – wie Brecht selbst analysiert – die bestehende politische und soziale Ordnung sichert, der Angriff darauf diese aber untergräbt: „Die spezifische kirchliche Ideologie ist von der Seite aus gesehen, wo sie als eine Stütze praktischer Herrschaft erscheint" (GW 17, S. 1132). In den Worten des Inquisitors findet Galileis Hymnus auf die neue Zeit sein Komplement: in ihnen wird gerade jenes Reich beschworen, „wo der Glaube tausend Jahre gesessen hat" (9) und das Galilei schon untergehen sah. Dessen Überlegenheit und Sieg über Galilei ist nicht zuletzt zurückzuführen auf den vom Inquisitor geführten Machtapparat und seine Kenntnis der zugehörigen Techniken der Herrschaftssicherung, zu denen auch die zynische Benutzung der Schwächen des Opfers Galilei gehört: „Er ist ein Mann des Fleisches. Er würde sofort nachgeben" (108), weiß der Inquisitor. In ihm gestaltet Brecht also in nur wenigen Auftritten einen Exponenten der gesellschaftlichen Reaktion und eindrucksvollen, mächtigen Gegenspieler des Lehrers und Forschers.

Die Figur des Papstes ist von zwei Gegensätzen bestimmt: Erstens ist er auf geistlichem Gebiet als Mann der Kirche und Kardinal dem alten ptolemäischen Weltbild verpflichtet, weiß aber als Wissenschaftler um dessen nachlassende Überzeugungskraft und nahes Ende, so daß in der Gestalt des Kardinals Barberini und späteren Papstes Urban VIII. die beiden Weltbilder aufeinanderstoßen. Zweitens befinden sich auf dem Gebiet weltlicher

Machtausübung in ihm einerseits die persönliche Überzeugung, daß die Kirche ein Arrangement mit der neuen Kosmologie treffen muß, will sie überleben, und die Erfordernisse seines hohen Amtes andererseits im Widerstreit. Wie werden diese Widersprüche im Stück gelöst?

Im ersten Fall geschieht das auf taktische, von großem Zynismus geprägte Weise, wie Brecht in der Begegnung Galileis mit den Kardinälen Bellarmin und Barberini in Rom (7. Szene) demonstriert. Den Disput mit Galilei lenkt Barberini vom Feld der Wissenschaften auf sein ureigenstes Gebiet, das der Bibel, indem er das Gespräch mit einem Spruch Salomons eröffnet und dadurch ein stichomythisches Duell der Bibelsprüche[103], ähnlich dem zwischen Jesus und dem Satan bei Matthäus 4, 4–11[104], provoziert. Darin übernimmt der Kirchenmann die Rolle des Versuchenden und Satans, der Galilei mit den von ihm ausgewählten Bibelstellen „an den Rand des eben noch erlaubten Glaubens"[105] und „die wissenschaftliche Wahrheit Galileis in die Bereiche des Kriminellen"[106] abdrängt. Seine Einstellung zum Glauben ist von kühlem Zweckmäßigkeitsdenken bestimmt, das in dem zynischen Ausspruch Galilei gegenüber gipfelt: „Wenn es keinen Gott gäbe, müßte man ihn erfinden" (70). Gott wird damit, wie die Bibelzitate auch, instrumentalisiert für die Erhaltung der bestehenden Herrschaftsordnung.

Auch der zweite in Barberini wirkende Widerspruch wird zugunsten der gesellschaftlichen und gegen die persönlich-private Seite gelöst. Zunächst weigert er sich, die Machtmittel der Kirche gegen die neuen Wissenschaften einzusetzen, weil er „keine Verurteilung physikalischer Fakten, keine Schlachtrufe wie ‚Hie Kirche! und Hie Vernunft!'" (108) will und die Kirche nicht von den großen Entwicklungen der Zeit abkoppeln möchte: „Schließlich ist der Mann der größte Physiker dieser Zeit, das Licht Italiens, und nicht irgendein Wirrkopf" (107). Das die Erwartungen der obersten Spitzen der Gesellschaft repräsentierende „Geschlurfe" und das in der Person des Inquisitors personifizierte Machtzentrum der Kirche, dessen Rede einer Vermahnung gleichkommt, setzen den Papst aber in der Ankleideszene einer zweifachen Pression aus, der er schließlich nachgeben muß. Den langsamen Wandel von der Privatperson Barberini mit dem kategorischen „Nein! Nein! Nein!" (105) am Beginn der Szene zum Amts- und

Würdenträger Urban VIII. am Ende symbolisiert Brecht in der Prozedur der Ankleidung. Erst als er „in vollem Ornat" (108) ist, stimmt Barberini widerstrebend („Das Alleräußerste ist, daß man ihm die Instrumente zeigt") (108) den Maßnahmen gegen Galilei zu.

Außer durch den Papst und den Inquisitor ist die Kirche noch durch eine Menge anderer Personen im Stück vertreten, denen wir vor allem in Szene 6 anläßlich der Prüfung der Galileischen Erkenntnisse durch das Collegium Romanum begegnen. Zwar ist nach Brechts eigenem Bekunden im Vorwort zu *Aufbau einer Rolle/Laughtons Galilei* „keine Karikatur der Kirche beabsichtigt" (GW 17, S. 1125). Zweifellos trägt aber schon die äußere Erscheinung der Kirchenvertreter in Szene 6 stark typisierende, karikaturistische Züge, indem hier in Gestalt des sehr dünnen Mönchs und des dicken Prälaten (an deren „fette und dürre Beine" wir uns aufgrund einer spöttischen Bemerkung Galileis in der 1. Szene erinnern!) die von der Kirche propagierte Askese und die praktizierte Völlerei leibhaftig auf der Szene erscheinen.

Auch beim Auftritt des von einem Mönch gestützten sehr alten Kardinals denkt der Zuschauer unwillkürlich an Galileis Worte von den alten Lehren, die „ganz baufällig" (21) sind. Wenn er am Ende seiner stolzen Rede, in der er auf dem Menschen als Mittelpunkt des Kosmos besteht und noch einmal trotzig das ptolemäische System beschwört, zusammensinkt, dann sieht der Zuschauer mit ihm das alte Gedankengebäude einstürzen.

Wie zur Bestätigung erscheint gleich darauf Clavius, der erste Astronom des vatikanischen Forschungsinstituts, und verkündet mit seinem lakonischen „Es stimmt" (62) die Richtigkeit der Galileischen Theorie. Clavius ist der einzige Kirchenvertreter, der die physikalischen Fakten und den Widerspruch zwischen ihnen und der kirchlichen Lehre offen anerkennt. In seiner knappen Auskunft schwingt aber schon die Ahnung mit, daß die Fakten gegen die Interessen der Kirche wenig auszurichten vermögen.

4.3.2 Die Hofgelehrten

Die Konfrontation mit den Gelehrten am florentinischen Hof folgt unmittelbar auf den großen Vernunft-Disput in Szene 3 und ist in seiner Gänze eine szenische Realisierung der Zweifel Sagredos. Mit großem Optimismus hat Galilei alles für einen Blick durch das Fernrohr und somit eine triumphale Bestätigung seiner Beobachtungen vorbereitet. Indes erweisen sich alle seine Versuche als fruchtlos, den Philosophen und den Mathematiker überhaupt nur zu einem Blick durch das Teleskop zu bewegen, weil ihre Methoden nicht die Beobachtung und das Experiment sind, sondern, in guter alter aristotelischer Tradition, das Studium der Klassiker und der formale Disput („Thema: Können solche Planeten existieren?") (45). Die beiden Hofgelehrten, ausweislich eines von Werner Hecht wiedergegebenen Tonbandprotokolls der Berliner Proben von Brecht als „echte Gelehrte, wirkliche Wissenschaftler, übrigens auch von Ruf"[107] konzipiert, repräsentieren damit die scholastische Denkweise der Peripatetiker, die, vom einmal festgeschriebenen „Weltbild des göttlichen Aristoteles" (46) als ihrem Dogma ausgehend, die Fakten ihren Anschauungen unterwerfen und nicht umgekehrt. Ihnen genügt die Kenntnis der Schulbücher und der Schriften des Aristoteles. Da aufgrund dieses Buchwissens für sie die Unmöglichkeit der von Galilei behaupteten Bewegungen der Gestirne feststeht, erübrigt sich der Blick durchs Fernrohr; statt dessen diskreditieren sie das Instrument, auf dem alle Hoffnungen Galileis ruhen, mit der Schlußfolgerung, „daß Ihr Rohr, etwas zeigend, was nicht sein kann, ein nicht sehr verläßliches Rohr sein müßte" (46). Galilei muß schmerzlich erfahren, daß die von ihm begründeten Prinzipien einer exakten Naturwissenschaft nicht zur Wirkung gelangen können, weil sich die Peripatetiker eines einfachen Mittels bedienen: sie ignorieren das Angebot, ihre Thesen an der beobachtbaren Wirklichkeit zu messen, „entziehen sich der Autorität des Faktischen und flüchten sich in die ideologischen Gefilde der traditionellen aristotelischen Dialektik".[108]

4.3.3 Ludovico

Die Neukonzeption dieser Figur in der amerikanischen Fassung, aufgrund derer Brecht sogar von der „neue[n] ‚ludovico-line'" (AJ 10.10.1945, S.472) sprach, ist vor allem in ihrer eindeutigen sozialen Profilierung zu sehen. Ludovico Marsili tritt im ersten Bild des Stückes als „reicher junger Mann" (14) und Sprößling einer aristokratischen Familie mit Grundbesitz und Weingütern in der Campagna auf. In der Welt und in den Wissenschaften sieht er sich nicht aus Interesse um, sondern weil es seine Familie, offenbar aus Prestigegründen, so verlangt, während er selbst sich als desinteressiert, wenn nicht dumm, bezeichnet: „Ich habe keinen Kopf für die Wissenschaften, Herr Galilei" (14). Eines der ironischen Momente des Dramas ist es, daß Ludovico Galilei mit seinem Bericht über „dieses komische Rohr, das sie in Amsterdam verkaufen" (15), das Instrument an die Hand gibt, das später (indirekt) ebenso zur Entzweiung mit diesem und zur Trennung von seiner Tochter beiträgt wie die (wiederum ironischerweise) von ihm überbrachte Nachricht vom sterbenden Papst. In dieser 9. Szene des Stückes begegnen wir einem Marsili-Sprößling, dessen Denken und Handeln ganz und gar von den ökonomischen und sozialen Interessen seiner Klasse bestimmt ist. Es stellt sich heraus, daß die achtjährige Probezeit nicht etwa Virginia galt, sondern ihrem Vater, weil eine angesehene Gutsbesitzer-Familie keine Liaison mit einem Häretiker und Ketzer eingehen kann, ohne ihre Position zu gefährden. Ludovico führt sogar unmittelbare ökonomische Interessen als Beweggrund an.

> GALILEI: Du meinst, deine Bauern werden es von der Heiligkeit der Gutsherrin abhängig machen, ob sie Pachtzinsen zahlen oder nicht?
> LUDOVICO: In gewisser Weise. (89)

Mit dieser Antwort beginnt der Gutsbesitzersohn seinen designierten Schwiegervater in eine Entscheidungssituation zu führen. In dieser muß er sich entweder gegen seine Forschungen und für die Interessen der Gutsbesitzer in der Campagna oder für die Aufnahme der Forschungsarbeit und gegen die Interessen des Landadels und damit der Kirche (Ludovico: „[...] wird der nächste Papst [...] doch auch beachten müssen, wie groß die Liebe ist, welche die vornehmsten Familien des Landes zu ihm fühlen.") (89 f.) erklären. Unverblümt und arrogant beruft sich Marsili dabei auf eine mögliche Aufstörung der Bauern, deren Ausbeutung durch seine Familie er kaum verhüllt („Ihre Feldarbeit ist zu schwer") (91). Er macht sich damit zum Sprachrohr einer ganzen Klasse (deren Familiennamen die Schüler, sich mit Galilei solidarisierend, dem sich entfernenden Marsili hinterherrufen), die auf „Zucht und Ordnung und Höflichkeit" (91) als Grundlage einer unbeeinträchtigten Ausbeutung angewiesen ist. Mit dieser Offenheit, die nebenbei die Schilderung der Lebens- und Arbeitsbedingungen der Campagna-Bauern durch den kleinen Mönch in Szene 8 bestätigt, scheint Ludovico Galilei zu provozieren („Ihr peitscht nicht nur Hunde, um sie in Zucht zu halten, wie, Marsili?") (91) und endgültig gegen sich und seinesgleichen aufzubringen. Die sozialen und politischen Fronten sind damit klar: im weiteren Verfolg seiner Wissenschaft wird sich Galilei den reichsten, mächtigsten und einflußreichsten Familien der Aristokratie und der ihnen verbundenen Kirche gegenübersehen. In Ludovico hat Brecht eine Figur in das Drama eingebaut, die Galilei an einen Punkt treibt, an dem er bereit ist, den Kampf aufzunehmen. Aber

> gerade dadurch wird wiederum der schließliche ‚Sündenfall' verschärft, denn Galileis Abwendung von dem aristokratischen Bräutigam seiner Tochter bedeutet notwendig eine Hinwendung zum Volk, eine Orientierung seiner Arbeit auf die nichtaristokratischen Schichten.[109]

Tatsächlich beruft sich Galilei in der Abwendung von Ludovico in einer Klarheit wie sonst nur in der Selbstanklage am Schluß des Stückes auf das Volk als eigentlichen Verbündeten: „Für die neuen Gedanken brauchen wir Leute, die mit den Händen arbeiten. Wer sonst wünscht zu erfahren, was die Ursachen der Dinge sind?" (91 f.)

4.4 Die Repräsentanten der neuen Zeit

Natürlich ist zunächst, vor allem aufgrund des ersten Bildes, Galilei selbst der eigentliche Künder und damit der Hauptvertreter eines neuen Zeitalters. Aber dabei bleibt es nicht: er gerät zwischen die Fronten und übt schließlich Verrat am heraufkommenden neuen Zeitalter. Von Beginn an ist ihm schon Andrea gewissermaßen als geborener Mitstreiter beigegeben, und im Verlaufe des Stückes kristallisieren sich andere Figuren heraus, die die Arbeit des Wissenschaftlers an neuen Beweisen und Erkenntnissen fördern und unterstützen, weil sie selbst am Heraufkommen des neuen Zeitalters partizipieren möchten, andererseits aber auch ihre Anforderungen und Erwartungen an den Physiker und Astronomen herantragen.

Zu den dramatis personae des Stückes gehört auch das Volk, und ihm ist die ganze Karnevalsszene gewidmet, in der es die mit Galileis Erkenntnissen verbundenen Hoffnungen auf Ende des Elends und der Ausbeutung zum Ausdruck bringt und die Vertreter der alten Weltordnung verhöhnt.

4.4.1 Andrea

Die herausragende Bedeutung dieser Figur im Stück erhellt daraus, daß sie durchgehend mit der Hauptfigur konfiguriert und zusammen mit ihr den dramatischen Bogen vom ersten bis zum letzten Bild spannt: den gelehrigen Schüler der 1. Szene finden wir in der 15. Szene nicht nur in der Rolle des Gelehrten, sondern auch in der des Lehrers wieder, der nun seinerseits die unwissenden und abergläubischen Knaben belehrt.

Ganz zu Beginn des Stückes bringt Andrea „ein Glas Milch und einen Wecken" (7) herein, Galilei wäscht sich „prustend und fröhlich" (7) den Oberkörper, gleich darauf erhält der Junge eine eingehende Unterweisung ins ptolemäische System anhand eines großen hölzernen Modells. So ist er vom ersten Bild an mit den wesentlichen Seiten der Hauptfigur aufs engste verbunden: mit deren Sinnlichkeit und Lebensfreude, deren Besessenheit von der Wissenschaft, deren Optimismus im Ausblick auf das neue Zeitalter. Durch diese Nähe – einschließlich des Rückenabreibens und des liebevollen, weil kostenlosen Unterrichts – ergibt sich eine familiäre, fast verwandtschaftliche Beziehung zwischen beiden, die einer Vater-Sohn-Beziehung sehr nahe kommt und dadurch unterstrichen wird, daß Andrea durch die neue Wissenschaft seiner leiblichen Mutter regelrecht entfremdet wird und mit Galilei eine konspirative Gemeinschaft bildet („Ich muß dir etwas sagen, Andrea, sprich nicht zu andern Leuten von unsern Ideen.") (20) zum gegenseitigen Schutz vor Anfeindungen und Verfolgung.

Über die enge persönliche Beziehung hinaus, die im Stück nichts Vergleichbares findet, ist Andrea vom ersten Augenblick an Galileis eifrigster und gelehrigster Schüler, der eine große Neugier, Entdeckerfreude und die entsprechende Bereitschaft mitbringt, an der Entwicklung einer neuen Wissenschaft mitzuarbeiten. Brecht selbst stellt im *Kleinen Organon* dar, wie Andrea in der Rolle des wißbegierigen Schülers in dialektischer Wechselwirkung seinen Ziehvater dazu herausfordert, die Rolle des Lehrers anzunehmen, und wie daraus eine Wahlverwandtschaft, eine regelrechte „Brüderschaft" („Bruder in der Wissenschaft und Vetter im Verrat!") (124) entsteht:

> Was die Lektion anlangt, magst du übrigens entscheiden, ob bloß, dem das Herz voll ist, das Maul überläuft, so daß er zu jedem davon reden würde, selbst zu einem Kinde, oder ob das Kind ihm das Wissen erst entlocken muß, indem es, ihn kennend, Interesse zeigt. Es können auch zwei sein, die sich nicht enthalten können, der eine zu fragen, der andere zu antworten; solch eine Brüderschaft wäre interessant, denn sie wird einmal böse gestört werden. (GW 16, S. 691)

Schon als Knabe bekundet Andrea seine Entschlossenheit, den Weg der neuen Wissenschaft zu beschreiten: „Ich möchte auch Physiker werden, Herr Galilei" (21). Bald schon wird der Zuschauer Zeuge seiner Gelehrsamkeit und seiner „kämpferischen" Haltung. „Sehr ähnlich seinem Lehrer" (41), wie Brecht in einer Regieanweisung anmerkt, erteilt er nun seinerseits dem jungen Großherzog Cosmo in Sachen ptolemäisches und kopernikanisches Weltbild eine Lektion, die in eine Rauferei ausartet und mit dem Zerbrechen des Holzmodells des ptolemäischen Systems und dem Sieg Andreas endet. In diesem Kampf der Modelle gewinnt auch Andrea modellhafte Bedeutung: indem der junge Großherzog und Feudalherr Cosmo in Stellvertretung der herrschenden Klasse Partei für das ptolemäische System ergreift, wird der Zuschauer Andrea im Umkehrschluß (und natürlich aufgrund seiner sozialen Herkunft) mit den Ausgebeuteten und der aufstrebenden neuen Klasse identifizieren. Der weitere Verlauf des Stückes bestätigt zwar nicht den modellhaften Verlauf des Kampfes (gleich darauf scheitert Galilei an den florentinischen Hofgelehrten), wohl aber Andreas Engagement für die Sache der Wissenschaft. Während der Pest bleibt er an der Seite seines Ziehvaters, und in der Sonnenfleckenszene begegnet uns in ihm schon ein selbständiger, aktiver Forscher, der offen an der Erforschung der Sonnenflecken arbeitet, lange bevor sein Meister sich – auch auf Drängen Andreas und der anderen Schüler hin – dazu entschließt. In der Auseinandersetzung mit Ludovico ergreift er schließlich auch sozial Partei und brandmarkt mit Marsili alle

Feudalherren als die, „die dem Papst nur die Füße küssen wollen, wenn er damit das Volk niedertritt!" (92). In dieser Szene wird die Konsequenz schon vorbereitet, die sich in der Widerrufs-Szene in ganzer Schärfe offenbart: die Lehrer-Schüler-Beziehung schlägt um in das Verhältnis von Ankläger und Angeklagtem, wenn Andrea sich, nachdem er fest auf die Standhaftigkeit Galileis vertraut hat („Mit dem Mann auf der Straße sagten wir: Er wird sterben, aber er wird nie widerrufen.") (122), enttäuscht und entsetzt von seinem Lehrer abwendet mit dem berühmten Satz: „Unglücklich das Land, das keine Helden hat" (113).

Diese Haltung, mit der er Galilei auch noch am Beginn der 14. Szene gegenübertritt, schlägt erneut um, als er von der Existenz der *Discorsi* erfährt. Dieses Werk verändert alles:

> Wenn der junge Physiker das neue Buch findet, auf das die Gelehrtenwelt zu warten schon nicht mehr wagt, widerruft er hastig sein Urteil über den einstigen Lehrer und beginnt, mit großer Leidenschaft eine Theorie über dessen alles entschuldigende Motive für den Verrat zu bauen. Galilei hat abgeschworen, um weiterarbeiten und der Wahrheit neue Beweisgründe zur Verfügung stellen zu können.[110]

Diese veränderte Haltung Andreas, diese „Korruption" (GW 17, S. 1130) durch die Wissenschaft, ist ein entscheidendes Kennzeichen der späteren Fassungen, und Brecht hat sie aus mehreren Gründen in die 14. Szene aufgenommen. Erstens gestattet sie Galilei und somit Brecht, die dem Sinn der dänischen Fassung entsprechende Auslegung zu dementieren, daß der Wissenschaftler aus List widerrufen habe und sein Schritt als schlaue Taktik zu verstehen sei aus dem Beweggrund, „sich lediglich aus einer hoffnungslosen politischen Schlägerei" zurückzuziehen, „um das eigentliche Geschäft der Wissenschaft weiter zu betreiben" (123). Zweitens legt Brecht Andrea „zur Beurteilung Galileis Argumente in den Mund, die ein in der Weltauslegung der bürgerlichen Tragödie geschultes Publikum auf Galilei anzuwenden geneigt ist"[111], und läßt ihn eine Ethik entwickeln, derzufolge die Leistung eines großen Einzelnen ihre eigenen sittlichen und moralischen Maßstäbe hat. Durch Galileis Zurückweisung dieser Position beugt Brecht der Gefahr vor, daß die Anfertigung der *Discorsi* unter widrigen Umständen und Gefahr für Gesundheit und Wohlergehen als „Triumph des Helden über eine widerwärtige

Welt"[112] interpretiert werden kann und Galilei „nach dem bürgerlich gängigen tragischen Interpretationsschema zum großen heldischen Charakter"[113] wird. Umgekehrt gestattet ihm, drittens, Andreas Interpretation die entschiedene Herausarbeitung eines nochmaligen Umschlags der Hauptfigur, ihres erneuten Falles: mit der Anfertigung der *Discorsi* erliegt Galilei der Versuchung, seine Wissenschaft losgelöst von allen sozialen Zusammenhängen zu betreiben. Viertens schließlich trägt Andrea im Entwurf einer voraussetzungslosen, wertfreien Wissenschaft, die nur dem wissenschaftlichen Ertrag verpflichtet ist („Die Wissenschaft kennt nur ein Gebot: den wissenschaftlichen Beitrag.") (124), eine ethische Position vor, die für die Zeitgenossen Brechts einen hohen Wiedererkennungswert besitzt, gibt sie doch den positivistischen Standpunkt derjenigen Wissenschaftler wieder, die nur an ihrer Arbeit selbst, nicht aber an ihren Folgen interessiert sind. Es ist deshalb auch die Figur des Andrea, die eine Brücke aus dem Zeitalter der Entstehung der Naturwissenschaften ins 20. Jahrhundert schlägt und damit Brechts Anliegen Rechnung trägt, anhand eines geschichtlichen Vorgangs seine eigene Gegenwart als Geschichte begreifbar zu machen.

Die 15. Szene und letzte Szene des *Galilei,* in deren Mittelpunkt Andrea steht, der mit dem *Discorsi*-Schmuggel auch das Erbe seines wissenschaftlichen Ziehvaters antritt, muß deshalb auch vor allem als Frage an die Gegenwart, nicht so sehr als Schluß und Fazit der vorangegangenen, im Stück erzählten Geschichte verstanden werden.[114] Text und Metaphorik der Szene legen im Unterschied zur vorhergehenden einen optimistischen Grundgestus nahe.[115] Denn mit einer List (mit der offenen Wahrheit als bester Tarnung!) überwindet Andrea die Grenzwächter als Hüter der alten Ordnung; er tritt als Lehrer und Vertreter der Vernunft auf, der den Aberglauben bekämpft; er handelt sozial verantwortlich, indem er der Alten den Krug Milch überläßt; und schließlich spielt die ganze Szene, wie die erste, „früh am Morgen", und spielt damit auf die Begrüßung der neuen Zeit an, an die Andrea mit seinen letzten Worten selbst erinnert: „Wir wissen bei weitem nicht genug, Giuseppe. Wir stehen wirklich erst am Beginn" (131), am Beginn des wissenschaftlichen Zeitalters, in das der Wissenschaftler Sarti mit Überschreitung der Grenze eintritt mit der Frage, was aus dem Erbe Galileis geworden ist.

4.4.2 Federzoni

Mit dem Linsenschleifer Federzoni hat Brecht eine Figur geschaffen, die dazu beiträgt, daß der neuen Wissenschaft ein soziales Umfeld erschlossen wird, dessen sie nach der Überzeugung Brechts zu ihrer Weiterentwicklung bedarf und das seinerseits daran ein gesteigertes Interesse hat. Ein Teil dieses Umfeldes ist in Federzoni konkretisiert. Sein Beruf weist auf seine niedrigere soziale Herkunft hin, bestimmt ihn aber dazu, den großen wissenschaftlichen Vorhaben Galileis zu den nötigen technischen Voraussetzungen zu verhelfen. Er bescheidet sich aber nicht mit der handwerklichen Arbeit, die ihn auch als Vertreter der arbeitenden Klasse ausweist – für Schumacher ist er d e r „Handwerker-Arbeiter“[116] –, sondern er möchte am Fortkommen der neuen Wissenschaft auch aktiv partizipieren. Durch seine Forderung nach Abschaffung des Lateins als Wissenschaftssprache erhält einerseits Galileis Hinwendung zum Volk und zu den arbeitenden Menschen durch Benutzung der Volkssprache einen entscheidenden Impuls, andererseits tritt die Arroganz und Praxisferne der peripatetischen Wissenschaftler (Szene 4) in aller Schärfe zutage, wenn er mit Unterstützung Galileis darauf besteht, daß er dem Disput folgen und damit „Kollege“ (so nennt ihn Galilei) (45) und „Gelehrter“ (so Andrea) (45) werden kann. Mit dem Selbstbewußtsein eines Vertreters der aufstrebenden Klasse tritt er den Hofgelehrten entgegen, verlangt von ihnen neue Schulbücher (48) und belehrt die Gelehrten über ihre Aufgabe, Erschütterer statt Hüter des Althergebrachten zu sein (49). Wie Andrea verbündet auch er sich mit den übrigen Schülern und Galilei gegen Ludovico und seine Klasse („Die der Erde befehlen stillzustehen, damit ihre Schlösser nicht herunterpurzeln!“) (92) und knüpft an die Standhaftigkeit Galileis hohe Erwartungen („[...] ich möchte nicht mehr leben, wenn er es täte, aber sie haben die Gewalt.“) (110). Am Ende, nach erfolgtem Widerruf, berichtet Andrea von der Kapitulation des Handwerkers: „Federzoni schleift wieder Linsen, in irgendeinem Mailänder Laden“ (120). Mit diesem von Galilei zu verantwortenden Rückzug ist auch das Bündnis zwischen Federzonis Klasse und der Wissenschaft aufgekündigt, was nicht nur „aus der neuen Astronomie [...] eine scharf begrenzte

Spezialwissenschaft" (GW 17, S. 1109) macht, sondern aus dem Handwerk eine ebensolche Spezialistentätigkeit.

4.4.3 Vanni

Der Vorläufer dieser Figur ist der in die amerikanische Fassung neu eingefügte Eisengießer Matti, für Schumacher „der Bürger, Besitzer der Produktionsmittel, bereit, die Wissenschaft aus der feudalen Dienstbarkeit zu befreien, sie selbst produktiv zu machen, indem er sie für seine Produktion ausnützt".[117] Obwohl seine Präsenz im Drama sich auf einen einzigen Auftritt in Szene 11 beschränkt, kann die Bedeutung dieser Figur kaum überschätzt werden. Vanni, wie er dann in der letzten Fassung heißt, ist nicht nur unmittelbarer Nutznießer der Galileischen Erfindungsgabe und Ingenieurskunst, sondern er artikuliert auch das allgemeine Interesse seiner Klasse an einer blühenden freien Forschung und Lehre. Die Freiheit, „neue Dinge lehren zu dürfen" (100), ist für ihn unauflösbar verknüpft mit der „Freiheit, Geld zu machen" (100). Die Geldmärkte und die Gewerbeschulen in London und Amsterdam und dort „regelmäßig erscheinende Zeitungen mit Nachrichten" (100) dienen ihm als Beweis der Rückständigkeit der oberitalienischen Städte, deren Geschäftskreise er vertritt. So repräsentiert Vanni am klarsten die von Brecht dem ganzen *Galilei* unterlegte historische Situation, wie er sie in *Aufbau einer Rolle* skizziert, wenn er vom Nutzen der neuen Wissenschaften für das aufstrebende Bürgertum spricht:

> Die Verwertung erfolgte in vielen Hinsichten, mußte doch die neue Klasse, um ihre Geschäfte betreiben zu können, zur Macht kommen und eine herrschende Ideologie zertrümmern, die sie daran hinderte. [...] Die neue Klasse nämlich konnte einen Sieg auf jedem Gebiet, auch auf dem der Astronomie, für sich ausnutzen.[118]

Über diesen Beitrag zur Abgrenzung des historischen und sozialen Feldes hinaus leistet die Figur einen entscheidenden Beitrag zur dramatischen Zuspitzung des gesamten Stückes. Vannis Versuch, Galilei zur Flucht nach Venedig zu bewegen, und sein Angebot, ihm dabei zu helfen, damit er von einem sicheren Ort aus „den Kampf aufnehmen" (101) kann, steckt für Galilei und den Zuschauer die Fronten ab. Weil es sich, wie Brecht schreibt, um ein „Angebot der fortschrittlichen bürgerlichen Klasse, [...] ihn in seinem Kampf gegen die Kirche zu unterstützen“[119], handelt, kommt eine Ablehnung einem Verrat an eben dieser Klasse und einer Kapitulation vor der Kirche und den mit ihr verbündeten Mächten gleich. Anders als die Galileis (Vanni: „Sie scheinen Ihre Freunde nicht von Ihren Feinden auseinanderzukennen, Herr Galilei.“) (101) erweist sich die pessimistische Einschätzung der Lage durch den klassenbewußten Vanni als sehr zutreffend; während der Astronom in seiner Naivität auf den Schutz des Großherzogs Cosmo als seinem ehemaligen Schüler und auf den Papst vertraut, bestätigt das Ende der Szene das Urteil Vannis. Cosmo liefert Galilei an die Heilige Inquisition nach Rom aus, das feudale Herrscherhaus und die Kirche haben sich verbündet, die Wissenschaft in Gestalt Galileis hat das Bündnis mit der neuen bürgerlichen Klasse des Vanni verweigert.

4.4.4 Der kleine Mönch

Es ist nicht unmittelbar einleuchtend, die Figur des Fulganzio unter die Repräsentanten der neuen Zeit einzureihen, artikuliert dieser doch selbst seine Zugehörigkeit zu zwei verschiedenen Welten und den damit verbundenen inneren Zwiespalt, der ihm drei schlaflose Nächte bereitet hat: „Ich wußte nicht, wie ich das Dekret, das ich gelesen habe, und die Trabanten des Jupiter, die ich gesehen habe, in Einklang bringen sollte“ (74). Als Mitglied und Repräsentant der Kirche ist der Mönch an deren Glaubenssätze gebunden, als Astronom und Mathematiker weiß er um die Richtigkeit der Sätze der neuen Wissenschaft und die Notwendigkeit ihrer Anerkennung. Charbon ist deshalb recht zu geben, wenn er in ihm „die einzige tragische Figur des Dramas“ sieht, „insofern er einander ausschließenden Ansprüchen ausgesetzt ist“.[120]

Auch seiner sozialen Stellung nach muß er eine zweifache Zuordnung erfahren. Seiner Herkunft „als Sohn von Bauern in der Campagna“ (75) gemäß gehört er der Welt der Armen und der einfachen Leute an (der k l e i n e Mönch), als Priester und Mann der Kirche (der kleine M ö n c h) ist er aber zugleich dieser Welt entwachsen und mit der Reflexion des Unglücks und Fragen der Sinngebung beschäftigt. Aus diesen Seiten der Figur erklärt sich sein Verständnis des Dekrets des Heiligen Offiziums, das besagt, „daß die Lehre des Kopernikus [...] töricht, absurd und ketzerisch im Glauben“ (69) und deshalb aufzugeben ist. Mit Blick auf das Elend der Campagnabauern verweist er sozusagen auf eine höhere Weisheit des Erlasses, der diesen armen Menschen die Gewißheit zurückgibt, daß „in ihrem Unglück [...] eine gewisse Ordnung verborgen [liegt]“ (75) und „daß das ganze Welttheater um sie aufgebaut ist, damit sie, die Agierenden, in ihren großen oder kleinen Rollen sich bewähren können“ (76). Deshalb spricht er „dem Dekret der Heiligen Kongregation ein edles mütterliches Mitleid, eine große Seelengüte“ (76) zu, nicht wissend, daß die Kirchenfürsten in der vorangehenden Szene in zynischer Weise angesichts des Unglücks der Campagnabauern „die Verantwortung für den Sinn solcher Vorgänge [...] einem höheren Wesen zugeschoben“ (68) und Fulganzios Sinngebungsversuche in voller Kenntnis der sozialen Realität bereits als Dummheit verspottet haben:

> Bedenken Sie die Roheit derer, die ihre Bauern in der Campagna halbnackt über ihre Güter peitschen lassen, und die Dummheit dieser Armen, die ihnen dafür die Füße küssen. (68)

Daran knüpft Galilei an, wenn er die angeblich sinnstiftende alte Ordnung als „die Ordnung einer leeren Lade und die Notwendigkeit nur die, sich zu Tode zu arbeiten“ (76), bezeichnet und dagegen die Notwendigkeit der Aufhebung des Unglücks und die Mitarbeit seiner Wissenschaft daran postuliert. Der kleine Mönch läßt sich von Galilei für eine Wissenschaft im Dienst der Armen und Unterdrückten gewinnen, weil sein ganzes Denken im Anblick der Campagnabauern von einem sozialen und gleichzeitig – im Anblick der Venus-Phasen – wissenschaftlichen Gestus bestimmt ist. Insofern ist der kleine Mönch eine Schlüsselfigur im Brechtschen Denken: er symbolisiert die Hoffnung, daß die unteren sozialen Schichten sich den neuen Wissenschaften öffnen, durch wissenschaftliche Betrachtungsweise die Ursachen ihres Elends erkennen und durch aktive wissenschaftliche Arbeit sich daraus befreien. Gerade deshalb muß diese Figur den Repräsentanten der neuen Zeit zugerechnet werden, weil sie sich nicht von Beginn an auf deren Seite findet, durch ihre Verwandlung aber die Gewißheit liefert, daß den Herrschenden alle Reglementierung des Denkens, alle Beeinflussung der Köpfe der von ihnen Beherrschten, alle Heranzüchtung von Parteigängern aus den Reihen der Hintergangenen auf die Dauer nichts nützt.[121]

Der erneute Umschlag dieser Figur nach dem Widerruf verdeutlicht schärfer als andere Figuren die Verwerflichkeit der Tat Galileis und ihren Charakter als persönlichen und sozialen Verrat: er gewinnt Fulganzio für eine sozial verantwortliche Wissenschaft, läßt ihn aber dann im Stich und treibt ihn, nachdem er sich unter Gewissensqualen von ihr losgesagt hat, zurück in den Schoß der Kirche.

4.5 Die Figurenkonstellation als soziales Kräftefeld

Besonders an der Figur des Mönches Fulganzio ist sichtbar geworden, daß Brechts Figuren divergierenden, manchmal unvereinbaren Anforderungen gesellschaftlicher Kräfte ausgesetzt sind und in ihren Konflikten die antagonistische Struktur der Gesellschaft widerspiegeln. Ist in Brechts marxistischer Sicht die Gesellschaft dialektisch strukturiert, müssen es deshalb auch die Figuren sein oder diese Struktur in ihrem Verhalten reflektieren. Daraus ergibt sich, wie der mehrmalige dialektische Umschlag vieler Figuren – Andreas, des kleinen Mönchs, nicht zuletzt Galileis – beweist, nicht einfach eine klassenmäßige, typisierende Zuordnung, sondern eine höchst spannende, wechselvolle Entwicklung, die den Kern der dramatischen Kunst Brechts bildet.

Es ist kein Zufall, daß die Herausarbeitung des sozialen Feldes[122], auf dem sich Galilei bewegt (und bewegt wird!), zu den entscheidenden Veränderungen der beiden späteren Fassungen gegenüber der ersten gehört. Zwischen den dänischen *Galilei* und den amerikanischen *Galileo* fällt eine Phase, in der sich Brecht wieder näher mit den Erkenntnissen der neueren Physik beschäftigt[123], die er für seine Dramatik fruchtbar zu machen sucht. Dabei interessiert ihn besonders „die Analogie zwischen den physikalischen ‚Feldern' und ‚sozialen Räumen'"[124], denn so wie ein von der Physik formuliertes Gesetz – Brecht zitiert in seinem *Arbeitsjournal* aus einem Vortrag Max Plancks – „nur das verhalten einer großen anzahl von elektronen" bestimmen kann, es aber „bei der frage nach dem verhalten eines einzelnen elektrons“ (AJ 26.3.1942, S. 278) versagt, so werden auch in der Dramatik „die Voraussagen, das Individuum betreffend, zunehmend unsicher“ (GW 15, S. 279), wie Brecht schon in den dreißiger Jahren in *Die Kausalität in nichtaristotelischer Dramatik* formulierte. Dort führt er aus:

> Interessiert sind wir an den Bewegungen von Massen, nur in bezug auf sie hoffen wir Voraussagen befriedigender Art machen zu können, hier suchen wir die kausale Gesetzlichkeit. Das Individuum mag uns – bei diesen Prozessen in Massen – überraschen. Erst eine ganze Reihe seiner Äußerungen und Bewegungen fixiert es einigermaßen in der oder jener Masse. (GW 15, S. 279)

Für das Drama folgt daraus, daß sowohl die gesetzmäßigen Bewegungen der Massen als auch die der Individuen darin darzustellen sind. Das geschieht im *Galilei.* Zum einen weist das gesellschaftliche Feld gemäß Brechts materialistischer Geschichtsauffassung eine bipolare Struktur auf; „Galileis Gegenmacht ist [...] nicht individuell, sondern kollektiv strukturiert“[125]; die Bewegungen der Massen erscheinen als Kampf zweier Klassen, die wir uns als die beiden Pole des Kräftefeldes vorstellen können, und die im Stück jeweils – wie wir gesehen haben – individualisiert und konkretisiert sind. Zwischen diesen Polen als Kraftzentren – im Stück im wesentlichen als alte und neue Zeit unterschieden – finden wir die Individuen, besonders die Hauptfigur Galilei, aber auch den kleinen Mönch hin- und herbewegt oder sich bewegend (vgl. Abb. 1).

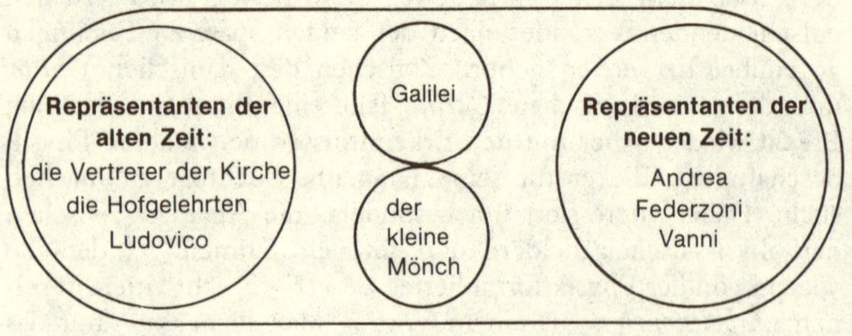

Abb. 1

Die Untersuchung der 2. Szene bei Roderich Grimm bietet ein schönes Beispiel dafür, wie bei Brecht diese Wechselwirkung zwischen dem Individuum Galilei und den gesellschaftlichen Kräften als Binnenstruktur einer Szene realisiert wird. In einer genauen Untersuchung der Konfiguration dieser Szene weist er nach, daß Galilei – wie ein Masseteilchen[126] – hin- und hergerissen wird zwischen der Signoria von Venedig, die an der ökonomischen, und Sagredo, der an der wissenschaftlichen Verwertbarkeit des Fernrohrs interessiert ist, und damit Galileis individuelles, eigentliches Interesse personifiziert:

> Unmittelbar augenfällig ist die streng symmetrische Alteration des Gesprächspartners Galileis. Auf der einen Seite stehen die Vertreter der Signoria, auf der anderen Galileis Freund Sagredo. Zwischen diesen beiden Gesprächspartnern Galileis kommt es selbst nicht zu einem Gespräch. Galilei wird also hier als zwischen zwei Polen stehend gezeigt, wobei seine eigene Vorliebe für das Gespräch mit Sagredo offenbar wird.[127]

Noch deutlicher wird diese Stellung zwischen zwei Polen, wenn wir die Abfolge der Szenen selbst in den Blick nehmen. Zeigt uns die eine Szene Galilei in Gesellschaft seines Schüler Andrea mit der Arbeit an neuen Beweisen beschäftigt, so ist die nächste von den Peripatetikern und ihrer Ignoranz dominiert; bald finden wir den Gelehrten von Vanni als einen Repräsentanten der neuen Klasse bedrängt, gleich darauf wird uns ein Einblick in das Machtzentrum der alten Zeit gewährt. Es wird deutlich, wie Brecht seine Vorstellungen, die er aus der Physik in die Dramatik übertragen hat, in kunstvoller Weise für die Erzeugung dramatischer Spannungen zwischen dem Individuum und den gesellschaftlichen Kräften sowie dieser gegeneinander fruchtbar macht.[128]

Brechts Denken und dramatisches Schaffen ist auch hier in entscheidender Weise von Erkenntnissen derjenigen Wissenschaft geprägt, als deren Stammvater die Hauptfigur des vorliegenden Stückes gelten kann. Fast sieht es aus, als ob der Dramatiker damit die Physik aus der Isolation als „scharf begrenzte Spezialwissenschaft“ (GW 17, S. 1109) herauszuführen bemüht ist, in welche sie seiner Auffassung nach der Begründer der modernen Naturwissenschaften hineinmanövriert hat.

5
Wissenschaft und Gesellschaft

Die Untersuchung und Beschreibung der wichtigsten Figuren des Dramas und des sozialen Feldes, auf dem sie sich bewegen, mit dem Physiker, Astronomen und Mathematiker im Mittelpunkt, haben das Verhältnis von Wissenschaft und Gesellschaft als zentrales Thema des Schauspiels enthüllt. Der genauere Zusammenhang zwischen beiden soll nun im folgenden etwas ausführlicher, als es anhand der einzelnen Figuren des Stückes und ihres Verhaltens möglich ist, Gegenstand der Betrachtung sein. Dabei interessieren insbesondere die Ablösung der alten Weltanschauung durch die neue Wissenschaft (5.1), die gesellschaftlichen Bedingungen, unter denen wissenschaftliche Arbeit stattfindet (5.2), und die Fragen einer neuen Ethik der Wissenschaftler (5.3), die Brecht vornehmlich am Ende des Stückes im Dialog zwischen Galilei und seinem ehemaligen Schüler Andrea entwickelt und denen damit auch besonderes Gewicht zukommt.

5.1
Wissenschaft und Religion

Im Zusammenhang mit der Untersuchung der einzelnen Figuren des Stückes hat sich bereits gezeigt, daß die Religion im Stück vorwiegend unter dem Aspekt ihres Zweckes als ideologisches Herrschaftsinstrument zur Geltung gebracht ist. Brecht ist an einer Beschreibung ihrer objektiven gesellschaftlichen Funktion und an der Darstellung ihrer Instrumentalisierung durch die höchsten Repräsentanten der Kirche interessiert. Das entspricht seiner Grundüberzeugung, daß – in wörtlicher Anlehnung an Marx – „die christliche Religion als Opium“ zu bekämpfen sei, da sie „den Unterdrückten in Passivität [lulle]“ (GW 20, S. 241). Insofern ist im *Galilei* natürlich auch ein gerütteltes Maß an Religionskritik als Gesellschaftskritik enthalten. Trotzdem hat Brecht des öfteren betont, daß „dieses Stück einen großen Teil seiner Wirkung verlieren muß, wenn seine Aufführung hauptsächlich gegen die katholische Kirche gerichtet ist“ (GW 17, S. 1110; Hervorhebung dort). Es war ihm nicht in erster Linie an der Behandlung von Glaubensfragen und kirchlichen Problemen gelegen. Besonders auffällig ist, daß Brecht nur beiläufig auf die Frage eingeht, ob und wie der Astronom und Physiker Galilei die neuen Erkenntnisse mit seiner religiösen Überzeugung vereinbart, denn es kann kein Zweifel daran bestehen, daß dieser, wie er selbst sagt, „ein gläubiger Sohn der Kirche" (68) ist. Offensichtlich ergibt sich aber für den Vernunftmenschen Galilei aus seiner Gläubigkeit kein größeres Problem, obwohl Sagredo ihn in der langen Unterredung über die Folgen der neuen Entdeckungen in ziemlich unerbittlicher Weise auf dessen Kern stößt. Die viermalige, ihm offenbar lästige Frage Sagredos: „Wo ist Gott?" (33) beantwortet er zwar schließlich mit einem „In uns oder nirgends!" (33), wirft aber dadurch eigentlich viel weitreichendere (übrigens auch wieder weit über seine Zeit hinausweisende) Fragen in der ganzen Spannweite zwischen Pantheismus und Atheismus auf. Sein Beharren auf den Fakten und der Wahrheit (gegenüber Sagredo in Szene 3 oder den Kardinälen in Szene 7) und seine Überzeugung, daß die Qualität der menschlichen Erkenntnisfähigkeit der der göttlichen Schöpfung entspricht (67), läßt allerdings darauf schließen, daß er seine Physik und den Glauben für prinzipiell vereinbar hält. Es mutet aber wie ein erster Schritt ins spätere Spezialistentum an, wenn er die näheren Einzelheiten offenbar den Theologen überlassen will. Wenn Brecht bezüglich der Hauptfigur das Problem des Widerstreites von Glauben und Wissenschaft also weitgehend ausläßt, so hat das seine Erklärung wohl im Bewußtsein der Gefahr, daß aus dem äußeren unversehens ein innerer Konflikt, aus dem Schauspiel eine herkömmliche bürgerliche Tragödie und aus dem Drama der Wissenschaft ein Glaubensdrama geworden wäre.

Diese Vermutung wird dadurch erhärtet, daß Brecht der Problematik aus anderer Perspektive durchaus Rechnung trägt. Denn es ist unverkennbar, daß der Autor die Ablösung des alten Weltbildes für einige seiner Anhänger mit tragischen Zügen versieht (auf die komischen haben wir bereits hingewiesen), wenn er zeigt, wie sie sich an ein Weltbild klammern, das sich innerhalb des Stückes, vor allem aber für den wissenden Zuschauer historisch längst erledigt hat. Das verdeutlichen besonders solche Figuren des Stückes, für welche die Religion nicht Instrument, sondern gültiges (und plausibles) Modell der Welterklärung ist. Der Haushälterin Sarti z. B., den vom kleinen Mönch beschriebenen Campagna-Bauern, aber auch dem „sehr alten Kardinal“ oder dem „sehr dünnen Mönch“ bedeutet die Infragestellung oder Abschaffung des ptolemäisch-christlichen Weltmodells ein Moment äußerster Irritation, geht doch damit der Verlust der zentralen Stellung des Menschen im Kosmos einher. Die Verkündung der Abschaffung des Himmels durch den dramatischen – nicht den historischen – Galilei und der Kopernikanismus werden zwangsläufig „als die große Enttäuschung und Erniedrigung des Menschen erfahren [...], als die ihn schließlich Nietzsche empfinden sollte“[129], weil nicht sichtbar ist, welche neuen Kategorien an die Stelle der alten treten könnten. Das ist der Kern der „Schwindel“-Metapher der schauspielernden Mönche (59), der Metapher des „leeren Himmels“ (60) aus dem Mund des sehr dünnen Mönchs oder des symbolischen Zusammenbruchs des sehr alten Kardinals. Dieses „Grauen angesichts der Umschichtung des Weltalls“[130] entspricht einer Welterfahrung, die auch mit anderen weitreichenden und umwälzenden Entdeckungen der Moderne einhergeht, etwa Darwins Theorie der Evolution (auf die übrigens der sehr dünne Mönch anspielt: „Wir werden den Tag erleben, wo sie sagen: Es gibt auch nicht Mensch und Tier, der Mensch selber ist ein Tier, es gibt nur Tiere.“) (61), der Relativitätstheorie Einsteins oder der Kernphysik. Wenn Brecht diese Erfahrung nur andeutet, aber nicht zu einem eigenständigen Thema ausweitet, wie Sautermeister kritisch vermerkt[131], dann deshalb, weil er in Galilei eine Figur geschaffen hat, die an die Stelle der Metaphysik die Physik setzt und an die Stelle der Religion und des Glaubens die Wissenschaft und die Vernunft – einen „weltliche[n] Messias der Vernunft“[132] eben, wie Knust (^{4}1987) interpretiert. Es ist Brechts ureigene Überzeugung, daß die wissenschaftliche, rationale Grundhaltung dem Menschen die Welt aufschließt. Indem aber die fortschreitende Erkenntnis ihrer Gesetze dem Menschen die Herrschaft über die Natur ermöglicht, werden andere metaphysische Versuche der Sinngebung zunehmend hinfällig. Das so entstehende Selbstbewußtsein des Menschen, historisch die Entstehung des Subjektes, ist im Vernunftmenschen Galilei personifiziert: der Mensch wird kraft seiner Ratio zur Bestimmung seiner selbst. In Brechts Galilei – in der Person und im Stück – werden so die kopernikanische Wende der Physik und der Philosophie in einem historischen Vorgang zusammengezogen. Es entbehrt nicht einer besonderen Ironie, wenn dem Menschen damit eben die Stelle zugewiesen wird, die der sehr alte Kardinal für ihn einzuklagen versucht: „der Mittelpunkt des Alls" (62).

5.2 Die gesellschaftlichen Bedingungen der Arbeit des Wissenschaftlers

Wenn die erste Geste des Stückes das Hereinbringen eines Glases Milch und eines Weckens für Galilei ist, dann ist damit vom allerersten Bild an auch die Frage gestellt, wie der Wissenschaftler zu Milch und Brot kommt. Deshalb ist, zumindest was die ökonomischen Bedingungen angeht, Knopf (1980) beizupflichten, wenn er meint, daß die Forschung, „die allgemeinen Bedingungen, die Voraussetzung für Galileis Arbeit und Verhalten sind, [...] nicht genügend betont"[133] hat, erwachsen aus diesen doch die Beeinträchtigungen und Einschränkungen, denen sich die Galileische Forschertätigkeit ausgesetzt sieht. Im Zusammenhang mit dem Fernrohrbetrug und der Übersiedlung nach Florenz haben wir die erste dieser einschränkenden Bedingungen bereits angesprochen: Die Republik Venedig ist den Grundsätzen des Marktes und des freien Handels verpflichtet, und der Kurator macht keinen Hehl daraus, daß diese auch für die Wissenschaften zu gelten haben: „Sie können für das Wissen, das Sie verkaufen, nur so viel verlangen, als es dem, der es Ihnen abkauft, einbringt" (18). Galileis Replik bringt es auf den Punkt: „Ich verstehe: freier Handel, freie Forschung. Freier Handel mit der Forschung, wie?" (18). Der Wissenschaftler trägt dieser Lage der Dinge durchaus Rechnung. Er weiß, daß seine Wissenschaft zum Markt gehen muß, soll sie nicht zur brotlosen Kunst werden, wie der Kurator die Mathematik nennt (16), und beliefert die Venezianer entsprechend – allerdings widerwillig, denn bloß nützliche Dinge gelten ihm als „Schnickschnack" (20). Der vom Kurator als lobenswertes Beispiel genannte Proportionalzirkel ist ein solches Zugeständnis an die Marktgesetze, und immer wieder streut Brecht im Stück andere Beispiele für Galileis Erfindung nützlicher, d.h. ökonomisch verwertbarer Produkte ein, so z.B. die Berieselungsanlage, die Wasserpumpe, eine Maschine für die Tuchweber (30), die neuen Sternkarten oder die Schmelzanlage für den Eisengießer Vanni;

und nicht zuletzt ist es das Fernrohr, dessen Marktwert Galilei zum Leidwesen des Kurators sofort registriert. Indem es gleichermaßen astronomischen wie ökonomischen Zwecken dient, Gebrauchswert wie Tauschwert aufweist, kann das Teleskop für den Warencharakter der Wissenschaft schlechthin stehen[134] und symbolisiert damit die Verwertbarkeit der Wissenschaft unter den Bedingungen des Kapitalismus. Die umfassende und unerbittliche Gültigkeit seiner Gesetze läßt Brecht Galilei selbst aussprechen:

> Euer Schutz der Gedankenfreiheit ist ein ganz gutes Geschäft, wie? Indem ihr darauf verweist, daß woanders die Inquisition herrscht und brennt, kriegt ihr hier billig gute Lehrkräfte. Den Schutz vor der Inquisition laßt ihr euch damit vergüten, daß ihr die schlechtesten Gehälter zahlt. (18)

Es hat freilich weitreichende Folgen, daß auch die Forschung den Gesetzen des freien Handels unterliegt. Um ihnen zu genügen, muß Galilei auf die Arbeit verzichten, die ihm als die eigentliche wissenschaftliche Betätigung gilt: die Suche nach neuen Beweisen für das kopernikanische System. Diese Konsequenz ist von einiger Brisanz, bedeutet sie doch, daß die Freiheit der Forschung, die den Worten des Kurators zufolge die kapitalistische Republik ja garantiert (17), dann Einschränkungen unterliegt, wenn ihre Ergebnisse nicht unmittelbar ökonomisch nutzbar scheinen. Die fehlende „freie Zeit zu forschen" entlarvt die Proklamation der Forschungsfreiheit bei gleichzeitigem Hinweis auf die Inquisition als Erpressungsformel.

Von seinem Wechsel nach Florenz erhofft sich Galilei die in Venedig so schmerzlich vermißte Muße für die Auffindung seiner Beweise. Hier allerdings muß er eben die Erfahrung machen, vor der Sagredo und auch – aus anderen Interessen – der Kurator ihn gewarnt haben. Er trifft nicht nur auf eine Schar von Gelehrten (Sagredo nennt sie „Lakaien") (38), die sich seinen Erkenntnissen verschließen, vor allem muß er bald feststellen, daß seine Forschungsergebnisse mit den Interessen der mächtigen Kurie kollidieren, weil sie mit dem ptolemäischen Weltbild zugleich das ideologische Herzstück ihres Herrschaftsfundamentes zum Einsturz bringen.

Brecht hat zu Recht darauf bestanden, daß die Kirche in seinem Stück in erster Linie als weltliche Obrigkeit gezeichnet ist.

Das entspricht ziemlich genau der von Galilei in seiner großen Schlußrede entworfenen Utopie, außerdem liest es sich wie ein Gegenentwurf zu Brechts Beschreibung der Arbeitsbedingungen der amerikanischen Forscher. Etliche andere Anzeichen sprechen dafür, daß Brecht – nach dem Abwurf der Atombombe und nach erfolgter Umarbeitung – eher auf obrigkeitsstaatliche Tendenzen in den Vereinigten Staaten anspielte. Einer seiner Anmerkungen zufolge kann z. B. der alte Kardinal „mit wenigen Änderungen in einen Tory oder einen Demokraten des Staates Louisiana verwandelt werden. Galileis Illusion über den ‚Wissenschaftler im Stuhl St. Peters' fände mehr als eine Entsprechung in der Zeitgeschichte, die wenig mit der Kirche zu tun hätte" (GW 17, S. 1132). Auch vereinbarte er mit Laughton für die kalifornische Aufführung: „[…] typenmäßig sollen die kirchlichen Würdenträger unsern Bankiers und Senatoren gleichen" (GW 17, S. 1125). Eindeutiger sind aber die Hinweise auf Parallelen zwischen der Situation Galileis und der der amerikanischen Forscher in einer Betrachtung zum *Hintergrund der amerikanischen Aufführung:*

> Man muß wissen, unsere Aufführung fiel in die Zeit und das Land, wo eben die Atombombe hergestellt und militärisch verwertet worden war und nun die Atomphysik in ein dichtes Geheimnis gehüllt wurde. […] Dann kam die Geheimhaltung der gigantischen Energiequelle durch die Militärs und Politiker, welche die Intellektuellen aufregte. Die Freiheit der Forschung, das Austauschen der Entdeckungen, die internationale Gemeinschaft der Forscher war stillgelegt von Behörden, denen stärkstens mißtraut wurde. Große Physiker verließen fluchtartig den Dienst ihrer kriegerischen Regierung; einer der namhaftesten nahm eine Lehrstelle an, die ihn zwang, seine Arbeitszeit auf das Lehren der elementarsten Anfangsgründe zu verschwenden, nur um nicht unter dieser Behörde arbeiten zu müssen. Es war schimpflich geworden, etwas zu entdecken. (GW 17, S. 1107 f.)

Deutlich ist das hier beschriebene Dilemma der Physiker das ihres Stammvaters Galilei, denn auch er befindet sich, wie Knopf (1980) schreibt, in

> dem objektiven, nicht subjektiven Dilemma, daß er dort, wo wenigstens die Freiheit durch den Handel herrscht, keine Zeit zur Forschung findet, und dort, wo keine Freiheit herrscht, forschen kann, freilich ohne die Aussicht, die Ergebnisse auch verbreiten zu dürfen.

> Der Wissenschaftler muß sich entweder verkaufen oder unterwerfen, wenn er leben will.[138]

So wie Galileis Forschungsfreiheit von zwei Seiten – mit Venedig und Florenz als lokalen Metaphern – bedroht ist, von den Gesetzen der kapitalistischen Produktionsweise und vom Machtanspruch des Obrigkeitsstaates, so sind auch die amerikanischen Forscher vor die Wahl gestellt, sich auf das „Lehren der elementarsten Anfangsgründe" zu beschränken, um den Lebensunterhalt zu sichern, oder unter Aufsicht bei Verzicht auf Forschungsfreiheit und soziale Verantwortung zu forschen.[139] Nehmen wir Brechts Interpretation in einem Resolutionsvorschlag von 1954 hinzu, daß die Atombombe Amerikas Antwort auf die Bedrohung des kapitalistischen Systems durch „die großen Revolutionen in Rußland und China" (GW 20, S. 339), folglich also auch die inquisitorische Behandlung der Forscher und Regierungsbeamten Ausdruck der Krise des Kapitalismus sei, so muß man Galileis Situation als Modell der Arbeit der Wissenschaftler und Forscher unter den Bedingungen des Kapitalismus schlechthin verstehen: „Florenz" und „Venedig" sind ihnen alltägliches Dilemma. Einerseits ist das Stück also Kritik am Kapitalismus, dessen politisch-wirtschaftliches System samt seinem krisenhaften Zustand für das objektive Dilemma der Wissenschaftler verantwortlich gemacht wird. Andererseits kritisiert es auch den mangelnden Mut der Atomphysiker, die nicht entschieden genug gegen Bevormundung und unverantwortliche Zielsetzungen der Wissenschaft aufstehen. Es darf deshalb nicht verwundern, wenn Brechts insgesamt negativer Bewertung des Verhaltens seiner Hauptfigur auch eine pessimistische Beurteilung der amerikanischen Atomphysiker und deren Lage entspricht:

> Die Gewissensbisse der Atomphysiker sind als Moralia besonders komisch; diese Spezies sieht durch die Reglementierung, gegen die die heilige Inquisition harmlos war, weniger ihre Jobs als ihre Arbeit selbst bedroht. Da geht der Uraniumvorhang nieder über der gesamten Wissenschaft. Zugleich werden sie fernerhin weder Briefe schreiben, noch Reisen machen dürfen. Will in Zukunft ein Gelehrter den anderen in Lebensbedingungen bringen, die bisher nur Gefängnisinsassen kannten, braucht er ihm nur eine atomphysikalische Entdeckung nachzusagen. Demgegenüber ist die Möglichkeit, daß unser Planet morgen in die Luft gehen kann, nur publizistisch interessanter für die Herren. Kurzum, es ist nicht die beste Zeit für Hoffnungen. (GW 20, S. 338)[140]

Offensichtlich trug nicht zuletzt diese düstere Einschätzung der Lage zur nochmaligen Zuspitzung der Kritik an Galilei und zur Tendenz der Berliner Fassung bei, „den partikulären Fall als Signal einer umfassenden geschichtlichen Krise darzustellen".[141] Ursache und zugleich Symptom dieser Krise sind, folgt man Brechts Notizen über *Das Denken als ein Verhalten*, die Arbeitsteilung und das von Galilei begründete Spezialistentum, welches das persönliche und das technische (als „Berufsdenken, wissenschaftliches Denken" verstanden) vom politischen Denken separiert. Die Folgen des „Bankerott[s] dieser drei Verhalten im Hochkapitalismus" (GW 20, S. 167) beschreibt Brecht genauer:

> Die Person kann nicht mehr aufgebaut werden. Das technische Denken führt den Denker aus der Gemeinschaft der Menschen heraus, macht ihn zu ihrem objektiven Feind, isoliert ihn (als Spezialisten, der nur den Arbeitsteil bewältigen darf), so daß er mit Leichtigkeit zu mißbrauchen oder zu überwältigen ist. Das politische Denken bleibt, da ihm kein Einfluß auf die Geschehnisse eingeräumt ist, infantil und abstrakt. (GW 20, S. 167; Hervorhebung dort)

Brecht hat außerhalb seines Stückes kaum eine genauere Beschreibung Galileis als seines Zeitgenossen geliefert.

5.3 Wissenschaft und soziale Verantwortung

Im Stück ist die oben beschriebene Verselbständigung des wissenschaftlich-technischen Denkens vollzogen durch den zweimaligen Fall Galileis; „das erste mal, wenn er der lebensgefahr wegen die wahrheit verschweigt oder widerruft" (AJ 6. 4. 1944, S. 411), denn dadurch läßt er die Kräfte im Stich, die mit der Revolutionierung des Weltbildes die Revolutionierung der gesellschaftlichen Verhältnisse hätten gewährleisten können: „g[alilei] gab den eigentlichen fortschritt preis, als er widerrief, er ließ das volk im stich, die astronomie wurde wieder ein fach, domäne der gelehrten, unpolitisch, isoliert" (AJ 6. 4. 1944, S. 411); „das zweite Mal, wenn er sie [die Wahrheit – W.H.] trotz der lebensgefahr wieder sucht und verbreitet. seine produktion zerstört ihn" (AJ 6. 4. 1944, S. 411), denn nun erst wird aus der Physik eine aus allen sozialen Zusammenhängen gelöste Spezialwissenschaft, „die sich freilich gerade durch ihre ‚Reinheit', das heißt ihre Indifferenz zu der Produktionsweise, verhältismäßig ungestört entwickeln konnte" (GW 17, S. 1109). Artikuliert und durch eine eigene Ethik legitimiert wird das Spezialistentum in der 14. Szene durch Andrea, während Galilei in der Zurückweisung eines solchen Rechtfertigungsversuchs und in ausdrücklicher Selbstverurteilung auf die Folgen abhebt, die die „Reinheit" der Wissenschaft zeitigen muß:

> Wenn Wissenschaftler, eingeschüchtert durch selbstsüchtige Machthaber, sich damit begnügen, Wissen um des Wissens willen aufzuhäufen, kann die Wissenschaft zum Krüppel gemacht werden, und eure neuen Maschinen mögen nur neue Drangsale bedeuten. Ihr mögt mit der Zeit alles entdecken, was es zu entdecken gibt, und euer Fortschritt wird doch nur ein Fortschreiten von der Menschheit weg sein. Die Kluft zwischen euch und ihr kann eines Tages so groß werden, daß euer Jubelschrei über irgendeine neue Errungenschaft von einem universalen Entsetzensschrei beantwortet werden könnte. (125 f.)

Galilei nimmt so mit seiner Analyse eine Entwickung vorweg, deren Konsequenzen erst im Zeitalter Brechts beobachtbar sind und schmerzlich erfahren werden. In großer Nähe zu seiner Hauptfigur beschreibt der Autor in einem seiner *Entwürfe für ein Vorwort* die historischen Folgen so:

> Die Bourgeoisie isoliert im Bewußtsein des Wissenschaftlers die Wissenschaft, stellt sie als autarke Insel hin, um sie praktisch mit ihrer Politik, ihrer Wirtschaft, ihrer Ideologie verflechten zu können. Das Ziel des Forschers ist ‚reine' Forschung, das Produkt der Forschung ist weniger rein. Die Formel $E = mc^2$ ist ewig gedacht, an nichts gebunden. So können andere die Bindungen vornehmen: die Stadt Hiroshima ist plötzlich sehr kurzlebig geworden. Die Wissenschaftler nehmen für sich in Anspruch die Unverantwortlichkeit der Maschinen. (GW 17, S. 1112; Hervorhebung dort)

Hier ist von eben der Wissenschaftler-Generation die Rede, die Galilei in böser Vorahnung als seine Nachkommenschaft heraufziehen sieht, einem „Geschlecht erfinderischer Zwerge, die für alles gemietet werden können" (126). Gegen diese Vision versuchen Galilei/Brecht in einem großen, utopisch anmutenden Entwurf den in gesellschaftlichen Zusammenhängen denkenden und handelnden, sozial verantwortlichen Wissenschaftler wieder ins Recht und in die Pflicht zu setzen. Die Wissenschaft soll der

Wahrheit und der Erkenntnis, der „Meßbarkeit des Himmels" (125) dienen, aber vor allem soll sie eine humane Verpflichtung erfüllen: „Ich halte dafür, daß das einzige Ziel der Wissenschaft darin besteht, die Mühseligkeit der menschlichen Existenz zu erleichtern" (125). Galilei rechnet es sich als sein persönliches Versäumnis zu, daß eine solche ethische Verpflichtung noch nicht existiert: „Hätte ich widerstanden, hätten die Naturwissenschaftler etwas wie den hippokratischen Eid der Ärzte entwickeln können, das Gelöbnis, ihr Wissen einzig zum Wohle der Menschheit anzuwenden" (126). Aber unzweifelhaft ist in dem von Galilei ausgesprochenen Irrealis der Vergangenheit auch Brechts Appell an die Wissenschaftler seiner eigenen Zeit enthalten, ihre Tätigkeit unter einen solchen Imperativ zu stellen. Über die „ebenso allgemein gehaltene wie optimistische Formulierung"[142] des hippokratischen Eides hinaus freilich enthalten sich Galilei/Brecht jeder genaueren Festlegung, in welcher Weise eine solche Verpflichtung gesellschaftliche Praxis werden könnte; die notwendigen Schlußfolgerungen werden den Betroffenen selbst und den Zuschauern überlassen, getreu der im gesamten Werk anzutreffenden Überzeugung des Stückeschreibers, daß das Neue in der gesellschaftlichen Praxis erst aus der Auseinandersetzung mit dem Alten hervorgebracht werden muß. In der Allgemeinheit der Formeln von der Erleichterung der „Mühseligkeit der menschlichen Existenz" und vom „Wohle der Menschheit" ist aber auch ein Anklang an die erste Szene des Stückes zu spüren mit ihrer Utopie von einem neuen und großen Zeitalter, „in dem zu leben eine Lust ist" (12) und für das es sich zu arbeiten und Entbehrungen auf sich zu nehmen lohnt. Durch diesen Zusammenhang wird der Auftrag an den Wissenschaftler zu einem an die gesamte Menschheit: letztlich – und auch das ist in Galileis Schlußmonolog impliziert – kann die Wissenschaft der Menschheit nur dienen, wenn „diese selbstischen und gewalttätigen Männer, die sich die Früchte der Wissenschaft gierig zunutze gemacht haben" (125), beseitigt werden und statt dessen das Allgemeininteresse bestimmend wird. Dieses wiederum und die ungeheuren Möglichkeiten der Kräfte der Natur können nur zur Entfaltung gelangen, wenn aus der in Unwissenheit gehaltenen Menschheit eine wissende, d.h. auch die Gesellschaft und ihre Gesetze wissenschaftlich betrachtende wird:

> Eine Menschheit, stolpernd in diesem tausendjährigen Perlmutterdunst von Aberglauben und alten Wörtern, zu unwissend, ihre eigenen Kräfte voll zu entfalten, wird nicht fähig sein, die Kräfte der Natur zu entfalten, die ihr enthüllt. (125)

Die Frage allerdings, wohin das Wissen über die Gesellschaft führen soll und wie die Produktivkräfte zu voller Entfaltung gebracht werden können, ist einfach zu beantworten: für Brecht ist nur der Sozialismus als Antwort vorstellbar. In dieser Hinsicht nun ist auch seine Utopie sehr konkret: fraglos besitzen für ihn, wie wir oben anhand des Zitates aus der Lenin-Preis-Rede gesehen haben, die sozialistische Sowjetunion und die eben im Aufbau begriffene DDR die „Bedeutung einer halbwegs erfüllten Utopie“.[143]

Es läßt sich leicht denken, daß gegen Galileis/Brechts Vorschlag eines hippokratischen Eides der Naturwissenschaftler, gegen diesen kategorischen Imperativ, eine Menge Einwände erhoben worden sind. Wir wollen uns kurz mit den gewichtigeren von ihnen beschäftigen, aber noch darauf hinweisen, daß sie nicht unabhängig voneinander zu denken und im Kern auf die eine oder andere Weise schon in Hans Mayers Aufsatz *Brecht und Dürrenmatt oder Die Zurücknahme* aus dem Jahre 1962[144] angelegt sind.

Den ersten Vorbehalt formuliert Ernst Schumacher genauer in seiner Beobachtung, daß viele amerikanische Forscher das tua res agitur mit Hinweis auf die „essentiellen und qualitativen Unterschiede zwischen ihrer und der Lage Galileis“[145] bestritten:

> Galileis ‚Fall‘ bestand darin, daß er gezwungen wurde, seine [sic!] naturwissenschaftlichen Erkenntnisse abzuschwören. Die amerikanischen Atomforscher brauchten ihre [sic!] Einsichten und Erkenntnisse in die Struktur und das Verhalten der Naturkräfte nicht nur nicht abzuschwören, sie wurden vielmehr gebeten und gezwungen, gefördert und befördert, angehalten und festgehalten, eben dieses Wissen über die Natur zu offenbaren, es zu vervollkommnen und zur Verfügung zu stellen.[146]

Während also Galileis Zurücknahme seines Wissens einen sozialen Verrat darstellt, verhält es sich bei den modernen Naturwissenschaftlern umgekehrt: für sie ist gerade der Verzicht auf das Wissen moralisches Gebot, weil in ihren Erkenntnissen die Vernichtung der Menschheit verborgen liegt. Mit Blick auf Dürrenmatts *Physiker* schreibt Hans Mayer:

Dann ist die Schlußfolgerung des Johann Wilhelm Möbius nicht fern: auf Forschung zu verzichten, weil es verderblich wurde, etwas zu entdecken. Dann wurde die These der Dürrenmattfigur sogar von Brecht her bereits denkbar, „daß es heute die Pflicht eines Genies ist, verkannt zu bleiben".[147]

Darauf läuft allerdings am Ende auch Brechts Postulat einer sozial verantwortbaren Wissenschaft hinaus. Die Frage bleibt, ob das aus dem Stück unmittelbar ableitbar ist, ohne daß eine sehr abstrakte Ebene (von der Art, daß die Arbeit des Wissenschaftlers „Dienst am Volk" zu sein hat) bemüht werden muß.

Der zweite Einwand hängt unmittelbar mit dem ersten zusammen und läßt sich abermals an eine Betrachtung Mayers zu Dürrenmatts *Physikern* anschließen: „Bevor sich Johann Wilhelm Möbius von neuem und diesmal endgültig in den armen König Salomo verwandelt, spricht er den Satz: ‚Was einmal gedacht wurde, kann nicht mehr zurückgenommen werden.' "[148] Woraus folgt, daß verhindert werden muß, daß etwas für die Menschheit Schädliches überhaupt erst gedacht wird. Wie aber ist das möglich? Um die Frage zu beantworten, müssen wir an Brechts eingehende Beschäftigung mit Francis Bacon erinnern und an dessen Satz: „Das wahre und rechte Ziel der Wissenschaft ist aber, das menschliche Leben mit neuen Erfindungen und Mitteln zu bereichern"[149], den Brecht in der Galilei-Rede variiert. Damit wird die Wissenschaft unter einen „Primat des Nutzens"[150] im Sinne einer methodischen Priorität gestellt, die schon für Galilei, um wieviel mehr für die von ihm begründete moderne Naturwissenschaft schlechterdings undenkbar ist, läuft sie doch darauf hinaus, im vorhinein die möglichen Folgen einer Erkenntnis zu erwägen, die noch gar nicht gewonnen ist. Demgegenüber sind Galilei und die von ihm mitbegründeten modernen Naturwissenschaften an unvoreingenommener, radikaler Erkenntnis interessiert:

Die neue, die Galilei-Wissenschaft, wie sie sich in dem im 14. Bild übergebenen Werk über die Mechanik bekundet, ist in sich selbst voraussetzungslos und eben darum „für alles zu gebrauchen", methodisch neutral gegenüber allen Folgen, allen Anwendungen.[151]

Das ist auch Brechts Einschätzung der historischen Leistung Galileis; aber gerade deshalb erweist sich sein Postulat als unhistorisch: sein Wissenschaftsbegriff, auf der Überzeugung von der „unmöglichkeit schrankenloser forschung“ (AJ 6.12.1952, S. 592) basierend, geht hinter Galilei auf den Baconischen zurück und ist mit der Methodik der modernen Naturwissenschaften unvereinbar.[152] Seine Eidesformel erweist sich damit als utopisch, wenn sie nicht den Ruf nach einer moralischen oder politischen Instanz einschließen soll, die die Forschung im Sinne einer Vorgabe der von ihr zu verfolgenden Zwecke begrenzt, was auf eine abermalige Inquisition hinausliefe. Anwendbar scheint der „hippokratische Eid“ allenfalls auf die Fälle, in denen die Forschung mehr oder weniger offensichtlich von vorneherein einer menschenverachtenden oder menschheitsvernichtenden Zielvorgabe unterworfen wird. Aber selbst hier ist daran zu erinnern: der hippokratische Eid hat die KZ-Ärzte, auf deren Tätigkeit auch Brecht sich in einem seiner Entwürfe für ein Vorwort bezieht (GW 17, S. 1113), nicht an ihren menschenfeindlichen Versuchen gehindert.

In dem eben skizzierten Wissenschaftsbegriff ist auch die gesellschaftliche Entwicklung vorgezeichnet, auf die der dritte Einwand rekurriert: die auch von Brecht konstatierte Isolierung der Wissenschaft von ihren sozialen Zusammenhängen und die ihr zugrundeliegende, zunehmend arbeitsteilige Organisation der Gesellschaft. Sie bringe es mit sich, so argumentiert Sautermeister, daß dem einzelnen Wissenschaftler ein wie immer gearteter Einfluß auf die Anwendung einer Errungenschaft weitgehend versagt bleiben müsse, weil es sich als Folge der „Sphärentrennung“ um eine politische, nicht um eine wissenschaftliche Entscheidung handele.[153] Brechts „moralische Blickrichtung auf die Zivilcourage des Wissenschaftlers“ personalisiere das Problem:

> Weil Brecht die fundamentale Spaltung des modernen Wissenschaftlers in einen staatsabhängigen Berufsmenschen und einen politisch unabhängigen Citoyen übergeht, kann er ihn zu einem öffentlichen Entscheidungsträger stilisieren, dem es anheimgestellt sei, als Märtyrer-Held oder als Berufsverräter gesellschaftspolitische Weichen zu stellen.[154]

Weniger drastisch formuliert, läuft das im Kern wohl auf die am häufigsten an Brecht und den *Galilei* gerichtete Frage hinaus, ob das Verhalten des Individuums Galilei überhaupt den Gang der

Geschichte, positiv oder negativ, habe beeinflussen können. Dazu ist mit einem Satz Mayers zu sagen: „Brecht glaubt an die Möglichkeit verantwortungsvollen Handelns“[155] – und an die Notwendigkeit, muß man ergänzen. Mayer zieht auch hier zum Vergleich die Position Dürrenmatts heran, die er so resümiert:

> Der Einzelne kann die Welt weder durch Opfer erlösen, noch durch sein Denken und Handeln von Grund auf verändern, und sei er selbst der größte Physiker der Menschheitsgeschichte. Die Zeit der weltverändernden großen Individuen, der Helden wie der Heiligen, scheint für Dürrenmatt vorbei zu sein.[156]

Demgegenüber hat Brecht bis zuletzt, so geht es aus einem vom Krankenbett aus an die Dramaturgentagung in Darmstadt geschriebenen und von Mayer zitierten Brief *(Kann die heutige Welt durch Theater wiedergegeben werden?)* hervor, an seiner optimistischen Sicht des Individuums als verantwortlichem Subjekt festgehalten:

> In einem Zeitalter, dessen Wissenschaft die Natur derart zu verändern weiß, daß die Welt schon nahezu bewohnbar erscheint, kann der Mensch dem Menschen nicht mehr lange als Opfer beschrieben werden, als Objekt einer unbekannten, aber fixierten Umwelt. Vom Standpunkt eines Spielballs aus sind die Bewegungsgesetze kaum konzipierbar. (GW 16, S. 930)

Die heutige Welt ist auf dem Theater beschreibbar, so faßt Brecht zusammen, „wenn sie als eine veränderbare Welt beschrieben wird“ (GW 16, S. 929). Darin ist einerseits der Gedanke enthalten, daß die gesellschaftlichen Vorgänge als Geschichte begriffen werden müssen, andererseits aber die Überzeugung, daß „die Geschichte [...], um sich zu verwirklichen, des Individuums [bedarf], das in freier Entscheidung das leistet, was geschichtlich notwendig ist.“[157] Es handelt sich bei Brecht und beim *Galilei* eben nicht darum, ob ein Verhalten helden- und märtyrerhaft oder etwa feige ist; Brecht übergeht diese Frage. Es kommt ihm auf die Erkenntnis des historisch Erforderlichen und sozusagen auf das geschichtsgemäße Handeln an. Dafür steht sein *Galilei.* Das „Hätte ich widerstanden [...]“ seiner Hauptfigur ist das Eingeständnis versäumter Geschichte und eines historischen Versäumnisses zugleich.

6
Die Struktur des Stückes

Kein anderes Stück Brechts ist so häufig und so kontrovers unter dem Gesichtspunkt der formalen Gestaltung diskutiert worden wie *Leben des Galilei.* An allererster Stelle hat der Autor selbst zur Diskussion beigetragen, bereitete ihm doch offensichtlich von Beginn an die von ihm gewählte Form des Stückes einiges Unbehagen. In Dänemark notierte er nach der Fertigstellung des Stükkes:

> *Leben des Galilei* ist technisch ein großer rückschritt, wie *Frau Carrars Gewehre* allzu opportunistisch. man müßte das stück vollständig neu schreiben, wenn man diese ‚brise, die von neuen küsten kommt', diese rosige morgenröte der wissenschaft, haben will. alles mehr direkt, ohne die interieurs, die ‚atmosphäre', die einfühlung. und alles auf planetarische demonstrationen gestellt. (AJ 25.2.1939, S.32)

Auch später, während der Arbeit am amerikanischen *Galileo,* stellte ihn der gegenüber der ersten Fassung weitgehend unveränderte äußere Bau des Stückes nicht zufrieden: „im formalen verteidige ich dieses stück nicht besonders kräftig" (AJ 30.7.1945, S.465). Die von Brecht in der Selbstkritik verwendeten Begriffe deuten darauf hin, daß das Stück nicht seinen Vorstellungen von einem Theater des wissenschaftlichen Zeitalters, das in demonstrativer Weise das gesetzmäßige Funktionieren der Gesellschaft darstellt („planetarische Demonstration"), genügt, sondern eine große Nähe zu dem von ihm kritisierten alten Theater der „Interieurs", der „Atmosphäre" und der „Einfühlung" aufweist. Diese Begriffe sind für Brecht mit der „aristotelischen" Dramatik verknüpft, aus deren Kritik er das eigene Theater der „Verfremdung" entwickelt, in strenger terminologischer Antithetik auch als „nichtaristotelische Dramatik" apostrophiert (vgl. GW 15, S.240). Ehe wir die von Brecht selbstkritisch angemerkten konventionellen Elemente des *Galilei* näher untersuchen (6.2), wollen wir kurz einen Blick auf seine Auseinandersetzung mit dem „aristotelischen" Theater werfen.

6.1 Brechts Kritik der „aristotelischen Dramatik“

Brechts umfassende Überlegungen zu einer neuen Form des Theaters fallen unmittelbar in die Zeit der Entstehung des dänischen *Galilei* und sind niedergelegt vor allem in seinem Vortrag *Über experimentelles Theater* (1939) und im *Messingkauf*, dessen dramentheoretische Dialoge größtenteils 1939/40 entstanden und später – wiederum im Umfeld der Bearbeitung des Galilei-Stoffes – im *Kleinen Organon* eine Art Zusammenfassung[158] erfuhren. Unter „aristotelischer Dramatik“ versteht Brecht das Theater in der Nachfolge des Aristoteles, der als Zweck der Tragödie „die Katharsis, die Reinigung des Zuschauers von Furcht und Mitleid durch die Nachahmung von furcht- und mitleiderregenden Handlungen“ (GW 15, S. 240; Hervorhebung dort) ansieht.[159] Im Mittelpunkt der Kritik Brechts steht nun, auf welche Weise das vor sich geht:

> Diese Reinigung erfolgt auf Grund eines eigentümlichen psychischen Aktes, der Einfühlung des Zuschauers in die handelnden Personen, die von den Schauspielern nachgeahmt werden. (GW 15, S. 240; Hervorhebung dort)

Diesen Akt der Einfühlung betrachtet Brecht als den „Grundpfeiler der herrschenden Ästhetik“ (GW 15, S. 298), weil durch ihn die Gemütsbewegungen des Zuschauers an diejenigen der Bühnenfiguren gefesselt werden. So werden die Theater zu „Rauschgiftbuden“ (GW 16, S. 514), in denen es als höchste Kunst gilt, im Zuschauer die größtmögliche Illusion zu erzeugen; der mitleidende, mitfühlende Zuschauer ist aber nicht in der Lage, die dargestellten Vorgänge zu reflektieren oder zu kritisieren, weil er keine Distanz zu ihnen hat, sondern im Gegenteil ihre größtmögliche Nähe sucht.

Zur Ermöglichung der Einfühlung muß sich zum einen die gezeigte Handlung möglichst kontinuierlich und ungestört entwikkeln und „als aus den Charakteren, die sie vollziehen, unhinderbar, mit Naturgesetzlichkeit hervorgehend dargestellt“ (GW 16, S. 551) werden, so daß die Hauptfigur als Zentrum und Motor der Handlung erscheint. Zum anderen ist verlangt, daß sich der Schauspieler möglichst vollständig in die von ihm darzustellende Figur verwandelt, so daß er eins wird mit seiner Rolle. So ist das herkömmliche Theater das Theater der „vierten Wand“, das den Anschein zu erwecken versucht, „daß, was auf der Bühne passiert, ein echter Vorgang aus dem Leben ist, und dort ist natürlich kein Publikum“ (GW 16, S. 578), wie der Dramaturg im *Messingkauf* sagt. Dagegen kommt es dem Philosophen, Brechts Stellvertreter im *Messingkauf*, nicht nur darauf an, „daß die Realität auf dem Theater wiedererkannt wird [...]. Sie muß aber auch noch durchschaut werden. Es müssen die Gesetze sichtbar werden, welche den Ablauf der Prozesse des Lebens beherrschen“ (GW 16, S. 520). Deshalb verlangt er: „Nein, die vierte Wand wollen wir niederlegen“ (GW 16, S. 579). Denn „die Wiederherstellung der Realität des Theaters als Theater ist eine Voraussetzung dafür, daß es realistische Abbildungen des menschlichen Zusammenlebens geben kann“ (GW 15, S. 251).

6.2 Die Nähe des Stückes zur konventionellen Form

Bei der Schärfe der Kritik und der grundsätzlichen Ablehnung der aristotelischen Dramatik muß es verwundern, daß Brecht überhaupt eine „opportunistische“ Form seines Dramas in Kauf nahm. Hinck (^{6}1977) rechnet das Stück, u. a. mit dem Hinweis auf die Gattungsbezeichnung „Schauspiel“, sogar in einer solchen Eindeutigkeit der „geschlossenen Dramaturgie“ zu, daß er es gar nicht erst in seine Untersuchung zur „Dramaturgie des späten Brecht“[160] einbezieht. Auf die Gründe für Brechts Festhalten an der konventionellen Form wollen wir unten eingehen. Zunächst ist zu fragen: Welches sind die Merkmale, die das Stück in die Nähe eines konventionellen Dramas rücken?

Schon der Titel des Stückes deutet darauf hin, daß Brecht als Protagonisten seines Dramas eine Figur gewählt hat, die sowohl ihrer historischen Leistung wegen als auch aufgrund der mit ihr verbundenen Legende alle Voraussetzungen für einen dramatischen, wenn nicht tragischen Helden mitbringt. So stellt bereits die Wahl der Titelfigur mit ihrer Dominanz im gesamten Stück eine Art Zugeständnis an den Zuschauer des traditionellen Theaters dar: er ist es gewohnt, auf dem Theater großen Menschen und Charakteren zu begegnen. Aber auch die Art und Weise, wie Brecht die Figur ausgestaltet, stellt ein Angebot zur Einfühlung an den Zuschauer dar. Der Autor hat Galilei, um seinen „Fall" nicht idealistisch erscheinen zu lassen, bewußt mit kräftigen, realistischen Zügen ausgestattet und dachte sich ihn so:

> Bei mir ist es ein kräftiger Physiker mit Embonpoint, Sokratesgesicht, ein lärmender, vollsaftiger Mann mit Humor, der neue Physikertyp, irdisch, ein großer Lehrer. Lieblingshaltung: Bauch vorgestreckt, beide Hände auf beiden Arschbacken, Kopf zurück, mit der einen, fleischigen Hand dann immer gestikulierend, aber knapp, Kostüm nicht das Parade-Kostüm (außer bei Repräsentation), bequeme Hose bei der Arbeit, Hemdsärmel, oder (besonders am Schluß) lange weißgelbe Kutte mit weiten Ärmeln, über dem Bauch mit einem Strick gegürtelt.[161]

Man sieht, daß Brecht nicht einen typischen Gelehrten, „eine impotente, blutleere, verschrobene Figur, ‚eingebildet' und nicht sehr lebensfähig" (GW 17, S. 1107), wollte, sondern eine sehr volkstümliche, sozusagen „physische" und „hemdsärmelige" Gestalt, die die Identifikation des Zuschauers geradezu provoziert. Andere Züge der Figur im Stück tragen dazu bei, daß sie einem Charakter im herkömmlichen Sinn sehr nahe kommt: sie hat sehr viele Schwächen und zeigt widersprüchliche Verhaltensweisen, befindet sich im Kampf mit einer „höheren" Macht und fällt ihr zum Opfer; auch hat sie mit der historischen Wahrheit immer den Zuschauer auf ihrer Seite, der andererseits mit der gleichen Ungeduld, Empörung und Enttäuschung wie der Protagonist auf die Ignoranz und Borniertheit der Gegenkräfte reagieren muß. Natürlich hat Brecht Vorkehrungen getroffen, die die Gestalt nicht zum herkömmlichen tragischen Helden geraten lassen, besonders in der expliziten Ablehnung des Heldentums in der Widerrufsszene und in der Artikulation möglicher Haltungen des Publikums durch Andrea; aber selbst die als wirksamste Sicherung gedachte Selbstverurteilung, die ja die Distanz zum Verhalten Galileis herstellen soll, ist von einiger Vertracktheit. Denn da der „Kunstgriff" darin besteht, die Distanzierung von Galilei selbst vornehmen zu lassen, wird dem Zuschauer erneut eine Einfühlung in die Figur abverlangt:

> ähnlich wie in der *Johanna* brauchte ich am Schluß einen kunstgriff, um auf jeden fall dem zuschauer den nötigen abstand zu sichern. selbst der unbedenklich sich einfühlende muß zumindest jetzt, auf dem weg der einfühlung selber in den galilei, den v-effekt verspüren.

bei streng epischer darstellung kommt eine einfühlung erlaubter art zustande. (AJ 23.11.1938, S.27)

Für den Kommentar wird die Figur also nicht aufgespalten, es gibt keinen aus der Rolle heraustretenden Kommentator, sondern die Reflexion ist selbst wieder als Verhalten der Figur gezeigt: „Galilei wird schon stückimmanent zum Historiker seiner selbst“[162], und noch in der Verurteilung erfolgt eine Identifikation „über die Denkweise, für die die Figur stellvertretend steht“.[163]

Der Titel des Stückes enthält auch einen Hinweis auf ein weiteres, der aristotelischen Dramatik zugerechnetes Merkmal. Denn es ist deutlich erkennbar, daß der Autor sich einen historisch vorgezeichneten Stoff zur Vorlage genommen hat, um eine dramatische Biographie zu gestalten. Da er es nun aber „nicht mit einer erdachten, sondern mit der wirklichen Geschichte zu tun hatte, die er zur Verdeutlichung der gegenwärtigen Geschichte benutzte“[164], bedeutete das einen weitgehenden Verzicht auf die eigene Konstruktion einer Fabel: „er läßt sie sich gewissermaßen von der Historie diktieren.“[165] Die Fabel betrachtet Brecht jedoch mit Aristoteles als „die Seele des Dramas“ (GW 16, S.667), weil sie die Möglichkeit der Demonstration, der Betonung, der deutlichen Herausstellung bietet:

Die Fabel entspricht nicht einfach einem Ablauf aus dem Zusammenleben der Menschen, wie er sich in der Wirklichkeit abgespielt haben könnte, sondern es sind zurechtgemachte Vorgänge, in denen die Ideen des Fabelerfinders über das Zusammenleben der Menschen zum Ausdruck kommen. (GW 16, S.704; Hervorhebung dort)

Umgekehrt bedeutet das: vorgegebene Fabeln können nur noch in begrenztem Maße für demonstrative Zwecke nutzbar gemacht werden, weil der Dramatiker nur noch in begrenztem Maße in sie eingreifen kann.

Mit dem geschichtlichen Stoff hat es eine zweite Bewandtnis. Da er nicht um der Geschichte selbst willen gewählt wurde, sondern zur Darstellung der Probleme der Gegenwart, „zur Verfremdung aktualer Vorgänge diente“[166], kann er „nicht noch in sich selber auf die gleiche demonstrative Weise verfremdet werden [...] wie eine erdachte Geschichte“.[167] Das aber hat den weitgehenden Verzicht auf Verfremdungseffekte zur Folge, den Verzicht auf Kommentar und demonstrative Spielweise. Vielmehr muß die Handlung sozusagen, in engem Zusammenhang mit der Entwicklung der Hauptfigur, aus sich selbst entbunden werden und erscheint deshalb als relativ geschlossenes und organisches Ganzes, ähnlich kontinuierlich wie die Biographie des historischen Vorbildes, mit deren Höhen und Tiefen. Eine unverkennbare Ähnlichkeit mit der pyramidalen Struktur des klassischen Dramas ist die Folge.

Brecht hat selbst eine dramatische Kurve des Stückes entworfen[168] mit dem höchsten Punkt zwischen Szene 10 und 11 und einem absoluten Tiefpunkt zwischen Bild 13 und 14. Ähnliche Linien suggeriert die im Vorwort zu *Aufbau einer Rolle* skizzierte Farbgebung für Bühnenbild und Kostüme (vgl. GW 17, S. 1122 f.). Unabhängig von Brechts Kriterien, die vermutlich auf den höchsten Punkt der Volksverbundenheit Galileis reflektieren, wollen wir mit Dieckmann (1988), für den das Stück unzweifelhaft „dem Fünf-Akt-Schema der klassischen Dramaturgie folgt“[169], und mit Schumacher, der von einer ebensolchen Anlage der Handlung ausgeht[170], den Versuch einer entsprechenden Gliederung unternehmen, indem wir uns auf den Konflikt Galileis mit der Obrigkeit konzentrieren und als Kulminationspunkt dieser Auseinandersetzung und somit Höhepunkt des Dramas den Konflikt zwischen Galilei und den Kardinälen in Szene 7 annehmen:

Szene 1–3:	Padua	*Exposition* der Hauptfigur und der neuen Wissenschaft
Szene 4–5:	Florenz	*Steigerung* durch Auslösung des Konfliktes mit der Obrigkeit
Szene 6–8:	Rom	*Höhepunkt* und *Peripetie* mit höchster Anerkennung (Collegium Romanum) und Verbot durch die Inquisition
Szene 9–12:	Florenz	*Fallende Handlung* mit *retardierendem Moment:* Wiederaufnahme der Forschungen und Auslieferung an die Inquisition
Szene 13–15:	Rom/Arcetri	*Katastrophe* durch Widerruf und Gefangenschaft

Die Angabe der Schauplätze verdeutlicht, daß es neben der an die Hauptfigur geknüpften Entwicklung der Handlung durchaus auch äußere Anhaltspunkte im Stück gibt, die eine solche Gliederung nahelegen. Auch das Prinzip der Symmetrie, auf die Brecht selbst im Vergleich von erstem und vierzehntem Bild hinweist, trägt zu einer strenger gefügten Tektonik bei. Eine genauere Untersuchung des wichtigen 13. Bildes, in dieser Weise zuerst von Helga Kästner vorgenommen[171], belegt, daß bei Brecht offensichtlich auch die Binnenstruktur einer Szene diesem klassischen Schema unterliegen kann. Als Exposition der 13. Szene kann hier die resümierende Darstellung der Situation Galileis durch die Schüler betrachtet werden, als Steigerung ihr emotionaler werdendes Gespräch in Erwartung der Entscheidung, als Höhepunkt die Nachricht vom unmittelbar bevorstehenden Widerruf; das Ausbleiben des Glockengeläuts retardiert die Entwicklung, bevor mit dem Dröhnen der Glocken und der Verlesung des Widerrufs die Katastrophe eintritt.

Selbstverständlich lassen sich nicht alle Elemente des Dramas und der Szene dem vorgeschlagenen Schema einfach unterwerfen oder einordnen. So bereiten hinsichtlich der Gesamtstruktur des Stückes z. B. die 10. oder die 14. Szene Schwierigkeiten mit ihren reflektierenden oder kommentierenden Momenten. Auch darf nicht unbeachtet bleiben, daß sich andere Gliederungsprinzipien finden und dem Stück unterlegen lassen, die nicht einfach mit dem hier vorgestellten vereinbar sind. Gerade dadurch tritt aber die klassische Struktur nicht offensichtlich zutage, sondern sie bleibt sozusagen verdeckt und wird gebrochen: es handelt sich um verfremdete Form. Andererseits verlieren in einem solchen relativ geschlossenen Ganzen auch ursprünglich epische und demonstrative Elemente den Charakter der Demonstration und erhalten eine

> erläuternde, illustrierende Funktion, wie die Verwendung des Astrolabs zur Verdeutlichung des ptolemäischen Weltsystems sowie eines Stuhls, einer Waschschüssel und eines Apfels zur Verdeutlichung des kopernikanischen Weltbildes beweisen. Die Demonstration mit den schwimmenden Körpern bildet einen organischen Teil der Handlung, sie tritt nicht aus ihr hervor.[172]

Zusammenfassend läßt sich sagen, daß die Entscheidung für den historischen Stoff die Wahl der dramatischen Form und der Mittel starken Einschränkungen unterwirft; die von der Historie vorgezeichnete Fabel erlaubt keine stärkere Einarbeitung epischer und verfremdender Elemente. Deshalb kann aber auch „die Einfühlung der Zuschauer nicht in dem Maße behindert und verhindert werden [...], wie es Brecht in der Theorie notwendig erschien."[173] So nimmt es nicht wunder, wenn der Autor selbst zu dem Schluß kommt: „An und für sich kann *Leben des Galilei* ohne größere Umstellung des zeitgenössischen Theaterstils aufgeführt werden, etwa als ein historischer ‚Schinken' mit einer großen Rolle."[174]

6.3 Brechts Theorie des episch-dialektischen Theaters

Brecht entwickelt seine Theatertheorie in der Auseinandersetzung mit dem bürgerlichen Theater. Erkennbarkeit und Durchschaubarkeit der gesellschaftlichen Prozesse werden durch die mit der herkömmlichen Dramatik einhergehende Einfühlung verhindert, so daß das aristotelische Drama eine Stütze der herrschenden Verhältnisse ist. Dem „Grundpfeiler der herrschenden Ästhetik" setzt Brecht deshalb in dialektischer Umkehrung das Prinzip der Verfremdung entgegen. Das ist zuallererst nicht ein technischer, sondern ein erkenntnisphilosophischer Begriff. Denn darunter wird verstanden, daß das Selbstverständliche, gewohnheitsmäßig Hingenommene auf einmal als ungewohnt und ungewöhnlich, als „fremd" eben, empfunden wird:

> Einen Vorgang oder einen Charakter verfremden heißt zunächst einfach, dem Vorgang oder dem Charakter das Selbstverständliche, Bekannte, Einleuchtende zu nehmen und über ihn Staunen und Neugierde zu erzeugen. (GW 15, S. 301)

Aus diesem Begriff vor allem erklärt sich auch Brechts Affinität zur Hauptfigur seines Stückes, gilt er ihm doch im *Kleinen Organon* als Stammvater der zweifelnden, fragenden Haltung, die Erkenntnis durch Verfremdung hervorbringt:

> Damit all dies viele Gegebene ihm [einem Menschen – W. H.] als ebensoviel Zweifelhaftes erscheinen könnte, müßte er jenen fremden Blick entwickeln, mit dem der große Galilei einen ins Pendeln gekommenen Kronleuchter betrachtete. Den verwunderten diese Schwin-

gungen, als hätte er sie so nicht erwartet und verstünde es nicht von ihnen, wodurch er dann auf die Gesetzmäßigkeiten kam. Diesen Blick, so schwierig wie produktiv, muß das Theater mit seinen Abbildungen des menschlichen Zusammenlebens provozieren. (GW 16, S. 681 f.)

Ein Sonderfall der Verfremdung ist die Historisierung. Sie macht einerseits bereits Geschehenes als Geschichte, „als einmalige, vorübergehende, mit bestimmten Epochen verbundene Vorgänge" (GW 15, S. 347) erkennbar:

> Das Verhalten der Personen in ihnen ist nicht ein schlechthin menschliches, unwandelbares, es hat bestimmte Besonderheiten, es hat durch den Gang der Geschichte Überholtes und Überholbares und ist der Kritik vom Standpunkt der jeweilig darauffolgenden Epoche aus unterworfen. Die ständige Entwicklung entfremdet uns das Verhalten der vor uns Geborenen. (GW 15, S. 347)

Andererseits wird durch das historisierende Verfahren auch die Gegenwart des Zuschauers als Geschichte, als vergänglich und nicht selbstverständlich erfahrbar. Das ist das Ziel des Brecht-Theaters: der Zuschauer soll hinsichtlich der eigenen Realität den gleichen fragenden Blick entwickeln wie Galilei, das immer selbstverständlich Hingenommene soll als nicht länger hinnehmbar, das Gewohnte als nunmehr ungewohnt erscheinen.

Diese Haltung erlernt der Zuschauer im Theater. Während sich im aristotelischen Theater alles als selbstverständlich und natürlich darstellt, ist im nichtaristotelischen alles auf Demonstration angelegt und darauf, die Vorgänge als künstlich, als Arrangement, als von Menschen hervorgebracht eben, zu zeigen. Zu diesem Zweck hat Brecht eine große Zahl von Verfremdungsmitteln entwickelt, die die dramatische Handlung unterbrechen, sie episieren und kommentieren; ihr Zweck ist es, an das Publikum heranzutreten und in dialektischer Wechselwirkung mit ihm eine Reflexion des Dargestellten zu erzeugen.

Wegen der Vielzahl der Mittel und der Eigenschaften des von ihm angestrebten Theaters schien Brecht später, an seinem Lebensende, der Begriff des epischen Theaters als zu eng, und er tendierte eher zum Begriff des dialektischen Theaters[175], zumal er auch die Ziele des Theaters erweiterte auf eine grundlegende Erkenntnis der Wirklichkeit hin, mit der Dialektik als Grundgesetz aller Entwicklung.[176]

In *Leben des Galilei* werden wegen seiner eher konventionellen Bauart die Elemente des episch-dialektischen Theaters nicht immer offenliegen, sondern sie werden erst aufgespürt werden müssen, weil sie zum Teil in die Handlung und in die Figuren hineingenommen sind, wie wir an einigen Beispielen sehen werden.

6.4 Elemente des episch-dialektischen Theaters im Stück

Epische Elemente

In vielen Stücken Brechts erscheint die dramatische Handlung im Grunde genommen als szenisch nachvollzogene Erzählung. Am deutlichsten ist das vielleicht im *Kaukasischen Kreidekreis* realisiert: der Sänger tritt als auktorialer Erzähler auf und organisiert und arrangiert den gesamten Erzählvorgang.[177] Solch ausgeprägte erzählerische Funktionen sind im *Galilei* nicht enthalten. Im wesentlichen sind sie hier auf die den Szenen vorangestellten Titel reduziert, die auf die Bühne projiziert werden sollen. Ihren Zweck definiert Brecht im *Kleinen Organon:*

> Die Titel sollen die gesellschaftliche Pointe enthalten, zugleich aber etwas über die wünschenswerte Art der Darstellung aussagen, das heißt je nachdem den Ton der Titel einer Chronik oder einer Ballade oder einer Zeitung oder einer Sittenschilderung nachahmen. (GW 16, S. 694)

Die Jahreszahlen der Szenenüberschriften im *Galilei* weisen auf den Charakter einer Chronik hin und ergeben aneinandergereiht das Handlungsgerüst, die Fabel des Stückes. Bisweilen sind sie sogar syntaktisch oder inhaltlich aufeinander bezogen („aber“, „im folgenden Jahrzehnt“) und bilden so einen eigenständigen Erzähltext, unterstreichen dadurch aber das Prinzip der epischen Reihung („und dann …“), wodurch festgefügte Tektonik und Zielgerichtetheit des Handlungsaufbaus durchbrochen werden. Die Szenentitel setzen den Zuschauer in der Regel über die nachfolgende Handlung ins Bild und nehmen ihm die „aristotelische“ Arbeit ab, Zeitsprünge, Schauplatzwechsel oder nicht dargestellte Ereignisse aus dem Dialog zu rekonstruieren. Dadurch wird seine Konzentration vom „Was“ auf das „Wie“ der Darstellung gelenkt, die Handlung der Szene erscheint „lediglich“ als Explikation des Titels, die der Beobachtung durch den Zuschauer ausgesetzt wird.

Seine Aufmerksamkeit wird dabei durch die Jahreszahlen und die Hinweise auf die jeweiligen Gegenkräfte („die dortige Gelehrtenwelt", „Collegium Romanum", „Inquisition" usw.) auf das gesellschaftliche Feld gelenkt, auf dem sich Galilei zu bewegen hat. Die Szenentitel fördern also in vielerlei Hinsicht die historische Sehweise des Zuschauers; sie holen ihn immer wieder aus der Handlung heraus und verleihen ihm die Möglichkeit, von einer höheren Warte aus, gewissermaßen als Historiker, zu urteilen.

Neben diesen „reinen" epischen Elementen lassen sich einige ausfindig machen, die in die Figuren des Stückes hineingenommen, also „integrierte" epische Elemente sind: in Szene 5 z. B. berichtet eine Frau vom Zusammenbruch der Sarti, Galilei selbst setzt Andrea über seine Forschungen ins Bild („Soll ich dir erzählen?") (56). Deutlicher tritt das „integrierte Erzählen" in der 7. Szene hervor: die Sekretäre, sich nunmehr als Spitzel entlarvend, verlesen das von ihnen angefertigte Protokoll dessen, was vorher als dramatische Aktion zu sehen war. Durch die Erzählung erscheint es aber nun in neuem Licht: das harmlose Gespräch über Schach entpuppt sich als Aushorchung. Die epische Wiederholung hat also verfremdende Funktion. Ebenso erzählt der kleine Mönch in Szene 13 den übrigen Schülern vom Gespräch mit Galilei in der 8. Szene (besonders von der Horaz-Episode) und verdeutlicht so die Veränderung, die seine eigene Haltung inzwischen erfahren hat, dadurch die Verwerflichkeit des Galileischen Verrats schärfer herausstellend. Dem gleichen Zweck dient in der Widerrufsszene sozusagen ein Sonderfall epischer Wiedergabe: Wenn die Schüler rufen „Er widersteht!" oder „Er widerruft nicht" (112), dann schildern sie einen Vorgang, der gar nicht stattfindet: die Wirklichkeit wird verfremdet, indem sie sich als das genaue Gegenteil des Erzählten herausstellt.

Kommentare

Ebenso wie die epischen Elemente dienen Kommentare der Unterbrechung und Reflexion des Dargestellten; sie können durch beteiligte Figuren selbst, durch Heraustreten aus der Rolle also, oder durch eigens dafür vorgesehene Instanzen, z. B. einen Chor, übernommen werden, denen dann auch Teile des Textes wie Prolog und Epilog zugewiesen werden. Im *Galilei* stellen nur die Verse am Beginn der Szenen solche herausgehobenen Textteile dar, wobei diese keine Zuordnung zu bestimmten Sprechern erfahren. In der kalifornischen Inszenierung wurden sie von Kindern zu der Musik von Hanns Eisler vorgetragen.[178] Man kann sie sich als kleine Prologe vor den Szenen vorstellen, die sentenzenhaft oder epigrammatisch das Geschehen kommentieren und „bewußt einfach in der Diktion“[179] gehalten sind. Brecht setzt sie dadurch in scharfen Kontrast zu komplexen und komplizierten gesellschaftlichen Vorgängen „wie der Entdeckung neuer Welten und der Erschütterung der überkommenen Gesellschaftsordnung“[180], die aber im Grunde „jedes Kind“ verstehen kann. Das Geschehen der folgenden szenischen Darstellung kann in den Versen z.B. in ironischer Weise kommentiert werden:

In Rom war Galilei Gast
In einem Kardinalspalast.
Man bot ihm Schmaus und bot ihm Wein
und hatt' nur ein klein Wünschelein. (64)

Daß Galilei „Gast“ war, widerlegt die letzte Zeile des kleinen Gedichtes selbst; daß es sich nicht um „ein klein Wünschelein“, sondern um eine autoritäre, gewaltsame Unterdrückung eines großen Wissens handelt, wird in der Szene anschaulich. Sie gewinnt dadurch demonstrativen Charakter, sie führt vor, welche Bedeutung der Vorgang tatsächlich hat und wie er in Wirklichkeit zu bewerten ist. Demgegenüber liefern die Verse am Szenenbeginn sozusagen eine Lesart des Folgenden, sie sind kleine Fingerzeige, vorsichtige, weil poetisch verkleidete Kommentare.

Andere kommentierende Elemente im Stück müssen aus dem dramatischen Vorgang erst isoliert werden.[181] Sicherlich muß hier zuerst die 10. Szene genannt werden, die im Zusammenhang der übrigen Szenen eine Sonderstellung einnimmt, trägt sie doch zur Entwicklung der Fabel im engen Sinn nichts bei und führt Personen ins Stück ein, die nur in dieser Szene auftreten. Auch durch ihre lyrische Gestalt ist sie äußerlich herausgehoben. Tatsächlich erfüllt die Szene auch die Funktion eines Kommentars, sogar eines politischen, denn die Konsequenzen der Galileischen Entdeckungen für die Lebensbedingungen des Volkes werden beschrieben und gepriesen, vor allem in dem Refrain: „Wer wär nicht auch mal gern sein eigner Herr und Meister.“ (95) Dadurch werden die in Galileis revolutionären wissenschaftlichen Entdekkungen enthaltenen sozialrevolutionären und historischen Möglichkeiten dem Zuschauer liedhaft-szenisch vor Augen geführt.

Eine kommentierende Passage, die mit einem Wechsel in die 3. Person verbunden ist, finden wir am Ende der 8. Szene: Galilei, der sich eben noch im Dialog mit dem kleinen Mönch befand, wendet sich nun von diesem ab und kommentiert dessen begieriges Studium seiner Untersuchungen über Ebbe und Flut: „Ein Apfel vom Baum der Erkenntnis! Er stopft ihn schon hinein. Er ist ewig verdammt, aber er muß ihn hineinstopfen, ein unglücklicher Fresser!“ (79). In diesem Kommentar beschreibt er nicht nur episierend, daß er einen neuen Verbündeten gewonnen hat, sondern auch, welche Gefahren in einem übergroßen Wissensdurst lauern, so daß die Kommentierung der gegenwärtigen Situation im Grunde eine Projektion seiner selbst auf den Mönch und eine Vorwegnahme seines eigenen Unglücks darstellt: der Kommentar funktioniert den Mönch zu einem Spiegelbild der Hauptfigur um.

Den ausgeprägtesten Kommentar im Stück spricht aber unzweifelhaft Galilei selbst in der 14. Szene, die deshalb auch die bei weitem exponierteste Stellung im ganzen Stück einnimmt. Zwar tritt er nicht ausdrücklich aus seiner Rolle heraus, aber es ist doch deutlich, daß der Galilei, der die soziale Verpflichtung der Wissenschaft artikuliert, vom „universalen Entsetzensschrei“ (126) spricht und von dem „Geschlecht erfinderischer Zwerge“ (126), nicht der Galilei der 13. oder des ersten Teils der 14. Szene ist. Vielmehr übernimmt er hier eine echte Kommentar-Funktion im Sinne des epischen Theaters, denn er beurteilt sein eigenes Verhalten „vom Standpunkt einer nachfolgenden Epoche aus“ und nimmt die Historisierung selbst vor. „Sein historisches Bewußtsein ist das des 20. Jahrhunderts“[182], und er fungiert als Sprachrohr des Autors, der ihm ja bekanntlich in der Verurteilung des Verhaltens folgt. Auf das damit verbundene Problem der durchbrochenen und abermals hergestellten Einfühlung haben wir bereits oben hingewiesen.

Belehrung

Belehrung ist ein durchgehendes Motiv des Stückes und integrierter Bestandteil der dramatischen Handlung, indem ja Galilei selbst, am Schluß auch Andrea („Du lehrst jetzt selber.“) (126) als

Lehrer gezeigt werden und viele Szenen eine Lektion als dramatische Aktion zum Inhalt haben. Die Zuschauer werden zusammen mit den Akteuren unterrichtet und nehmen so an deren Lernvorgang teil, wie in der 1., in der 8. oder in der 14. Szene, der wichtigsten „Lektion". Explizite didaktische Textpassagen sind selten. Sie finden sich in den Eingangsversen der Szenen, z. B. am Beginn der 2. Szene: „Groß ist nicht alles, was ein großer Mann tut" (23), besonders aber in den Versen der Schlußszene:

> Liebe Leut, gedenkt des End's
> Das Wissen flüchtet über die Grenz.
> Wir, die wissensdurstig sind
> Er und ich, wir blieben dahint'.
> Hütet nun ihr der Wissenschaften Licht
> Nutzt es und mißbraucht es nicht
> Daß es nicht, ein Feuerfall
> Einst verzehre noch uns all
> Ja, uns all. (128)

Ausdrücklich wie sonst kaum im Stück findet eine Wendung an den Zuschauer statt, der mit einem ganz bestimmten Auftrag im Sinne der Moral des Stückes versehen wird. Die große Rede Galileis wird resümiert, die zentralen Themen werden kurz und einprägsam verdichtet: das sich von den Unwissenden trennende Wissen erinnert noch einmal an Galileis sozialen Verrat, die Metaphern von „der Wissenschaften Licht" und dem „Feuerfall" wiederholen noch einmal eindringlich die Mahnung der großen Schlußrede Galileis, diesmal appellativ an den Zuschauer gerichtet.

Dokumentarische Elemente

Brecht hat an mehreren Stellen des Stückes Ausschnitte aus Originaltexten des historischen Galilei plaziert. Dazu gehören der Text des Briefes an den Großherzog von Florenz (39), der der Widmung in *Sidereus Nuncius* entnommen ist[183], der Wortlaut des Widerrufs (112 f.)[184] oder eine Passage aus den *Discorsi* (114) am Ende der Szene 13. Diese Texte unterbrechen wie die Kommentare die Handlung und erinnern den Zuschauern daran, daß sie der Rekonstruktion eines historischen Vorgangs beiwohnen. Die Texte verweisen also über die Bühnenwirklichkeit hinaus auf die „wirkliche" Wirklichkeit mit dem Ziel, diese zum eigentlichen Gegenstand der zweifelnden, kritischen Betrachtung zu machen. Darüber hinaus werden sozialer Verrat im Widerruf und große wissenschaftliche Leistung auch durch die Konfrontation der Originaltexte am Ende der Szene 13 zueinander in Bezug gesetzt.

Lyrische Elemente

Auf die kommentierende Bedeutung der Verse am Szenenanfang sind wir schon oben eingegangen. Oft ist der Inhalt der nachfolgenden Szene aber auch metaphorisch in den Versen vorweggenommen, wie in der Szene 1:

> In dem Jahr sechzehnhundertundneun
> Schien das Licht des Wissens hell
> Zu Padua aus einem kleinen Haus. (7)

Im „Licht des Wissens" sind Galilei als großer Wissenschaftler, die anbrechende neue Zeit (Morgen!), die Ausbreitung des Wissens und die Klarheit („hell"), aber auch die materielle Bedrängnis (kleines Haus) enthalten. Neben diesen dominierenden lyrischen Elementen sind aber auch, diesmal als integrierte Bestandteile des Dialogs, kleine lyrische Texte in Liedform in einzelne Szenen eingearbeitet. Schon in der ersten Szene verdichtet Andrea durch eine Gedichtrezitation, zu der er von Galilei „angestiftet" wird[185], den Hymnus auf die neue Zeit in ganz wenigen Versen und Bildern:

> O früher Morgen des Beginnens!
> O Hauch des Windes, der
> Von neuen Küsten kommt! (10)

Über die Begrüßung hinaus verleihen diese Verse den Worten Galileis über die neue Zeit einen fast beschwörenden, anbetenden Charakter; die in den Bildern vermittelte Vorstellung von Leichtigkeit („Hauch"), Ursprünglichkeit („früher Morgen des Beginnens") und Ferne („von neuen Küsten") läßt in der Vision vom neuen Zeitalter überdies die utopischen Züge deutlich hervortreten.

Ähnlich verhält es sich mit einem Zitat aus der achten Satire des Horaz in Szene 8 (78): mit dem Hinweis auf die Harmonie und Geschlossenheit dieses lyrischen Textes postuliert Galilei als Gegenentwurf zur angeblichen Vollkommenheit und Harmonie des ptolemäischen Weltbildes eine ebensolche Ästhetik für sein eigenes: „Herr, mein Schönheitssinn wird verletzt, wenn die Venus in meinem Weltbild ohne Phasen ist!“ (78). In diesen Worten ist so etwas wie ein großer utopischer Entwurf Brechts spürbar, daß Wissenschaft und Kunst gleichermaßen das Neue ermöglichen und verlangen. Mit der Wissenschaft wird „die Schönheit zugleich als eine Kategorie der (historischen) Erkenntnis und Erkenntnisfähigkeit des Menschen“[186] bestimmt.

Das Gedicht Lorenzo di Medicis über die Vergänglichkeit (65) im Ballsaal in der Szene 7 hat die Funktion einer lyrischen Bewertung der Naivität Galileis („Übermut“) (65), es antizipiert seine Niederlage und versieht sie mit einem abschließenden Kommentar („Die schöne Jahreszeit geht schnell vorbei“) (69). Es gliedert dadurch auch die Szene, und das „schöne“ Gedicht und die „rauhe“ Wirklichkeit verfremden sich wechselseitig.[187]

Die Szene 10 stellt als gesamte ein lyrisches Element im Drama dar und verdient deshalb einen genaueren Blick. Für diese „Einlage“ hat Brecht die Form der Moritat gewählt, die von einem Bänkelsänger vorgetragen wird. Am Beginn seines Liedes stellt dieser das ptolemäische Weltbild dar, dem ein festgefügtes und streng hierarchisch gegliedertes Gesellschaftsgefüge entspricht („Wie im Himmel, so auch auf Erden“) (94), die „große Ordnung, ordo ordinum, wie die Herren Theologen sagen, regula aeternis“ (95). Die Abfolge der Zeilen vollzieht dabei in einer Antiklimax die in ihnen dargestellte pyramidale Gesellschaftstruktur nach. Die zweite große Strophe stellt Galileis Entdeckungen dar und benennt wiederum die korrespondierenden sozialen Folgen: „Jetzt soll sich mal die Herrin, he! / Um ihre Dienstmagd drehn“ (95). Der dritte Teil beschäftigt sich mit den möglichen Folgen: „Ihr guten Leute, werft einen Blick in die Zukunft, wie der gelehrte Doktor Galileo Galilei sie voraussagt“ (96). Es wird das Bild einer revolutionierten Gesellschaft ohne Ausbeutung entworfen, in der die Arbeitenden selbst die Früchte ihrer Arbeit ernten. Diese revolutionäre Konsequenz wird in der Szene regelmäßig refrainartig wiederholt, die letzte Zeile insgesamt sechsmal:

> Denn eins ist wahr: Spaß ist doch rar.
> Und Hand aufs Herz:
> Wer wär nicht auch mal gern sein eigner Herr und Meister. (95)

Die Schlußstrophe wird dann vom Sänger und seiner Frau zusammen vorgetragen, hat appellativen Charakter und ruft zur Solidarität der Unterdrückten auf wie zur Annahme der Lehren Galileis, die gleichzeitig als universales Glücksversprechen („des Erdenglückes großes ABC") gedeutet werden. Der auf den Liedvortrag folgende Fastnachtszug schließlich führt in närrischer Verkleidung vor, daß dieses Glück nur durch den Sturz der Obrigkeit erreichbar ist. Brecht läßt also hier zum ersten Mal im Stück das Volk als kollektive („Menge") und anonyme („Sänger", „Weib des Sängers") dramatische Person zu Wort kommen: er zeigt, daß die Astronomie die Marktplätze erreicht und daß sich insofern Galileis Vision der 1. Szene erfüllt hat. Um so stärker kontrastiert dazu dessen Abwendung vom Volk in der darauffolgenden Szene 11.

Die poetische Gestalt der Szene und die närrische Konstellation deuten aber darauf hin, daß Brecht nicht eine reale, sondern eine potentielle Entwicklung darstellt. Die lyrische Gestalt der Szene unterstreicht den Unterschied von Fiktion und Wirklichkeit, letztere ist nur im poetischen Bild antizipiert; so ist auch die Revolution vorerst nur als Ersatzhandlung, in effigie sozusagen, denkbar, nicht als Realität. Die Szene muß also verstanden werden – und das erklärt die Besonderheit ihrer Form und ihre herausgehobene Stellung im Drama – als Entwurf jener „einzigartigen" historischen Möglichkeit, von der Galilei in seiner Selbstanalyse spricht.

6.5 Symmetrie und Dialektik als Bauprinzipien

Die von Brecht verwendeten Mittel beim Bau eines Stückes sind Ausdruck seiner Kritik der Einfühlung und sind dem Ziel untergeordnet, diese zu verhindern:

> Da das Publikum ja nicht eingeladen werde [sic!], sich in die Fabel wie in einen Fluß zu werfen, um sich hierhin und dorthin unbestimmt treiben zu lassen, müssen die einzelnen Geschehnisse so verknüpft sein, daß die Knoten auffällig werden. Die Geschehnisse dürfen sich nicht unmerklich folgen, sondern man muß mit dem Urteil dazwischenkommen können. [...] Die Teile der Fabel sind also sorgfältig gegeneinander zu setzen, indem ihnen ihre eigene Struktur, eines Stückchens im Stück, gegeben wird. (GW 16, S. 694)

Aufgrund dieser Überlegungen im *Kleinen Organon* muß man davon ausgehen, daß Brecht viel Sorgfalt auf die Konstruktion eines Stückes, den Bau einzelner Szenen und das Verhältnis der Szenen zueinander verwendet, so daß der artifizielle Charakter des Ganzen deutlich hervortritt.

In Kapitel 6.2 haben wir bereits gesehen, daß das Prinzip der Symmetrie vor allem den Dramen aristotelischer Bauart eigen ist. Brecht hat es aber in der Komposition des *Galilei* ganz gezielt eingesetzt. Auffällig sind besonders, wie bereits angedeutet, die symmetrischen Entsprechungen zwischen Stückanfang und Stückschluß, die von Brecht bewußt so konzipiert wurden. In einem Entwurf für die amerikanische Fassung hat er sie selbst aufgelistet (offensichtlich entspricht die 12. der späteren 14. Szene):

> similia in 1) and 12)
> there is a morning in 1), and an evening in 12)
> there is a gift of an astronomical model in 1), of a goose in 12)
> there is a lecture for Andrea, the boy in 1), and a lecture for Andrea, the man in 12)
> there is a woman going around the watching in 1), and a woman going around watching in 12)[188]

Durch diese Entsprechungen werden die beiden Szenen in intensiver Weise, auch für den Zuschauer wahrnehmbar, aufeinander bezogen; es wird deutlich, wie das Ende in dialektischem Umschlag aus dem Anfang hervorgeht, andererseits aber der Schluß eine Negation des großen Entwurfs der Anfangsszene darstellt.

Das Stück ist reich an symmetrischen Entsprechungen, durch die Szenen einander zugeordnet werden; wir wollen uns hier mit der Aufzählung einiger Beispiele begnügen, ohne jedesmal die Funktion genauer zu untersuchen:

- der Bezug auf die Lebens- und Arbeitsbedingungen in der Republik Venedig in Szene 1–3 und in Szene 11;
- die ablehnende Haltung der Hofgelehrten in Szene 4 und der Wissensdrang der Schüler in Szene 9;
- die Bedrohung durch die Pest in Szene 5, durch die Folter in Szene 13;
- die Verstohlenheit des kleinen Mönchs in Szene 6 und seine Wissensgier am Ende der Szene 8;

– der Maskenball der Kardinäle in Szene 7 und die Volksfastnacht in Szene 10;
– das Dekret in Szene 7 und der Verstoß dagegen in Szene 9.

Sicherlich lassen sich noch eine Menge weiterer Beispiele auffinden[189]; die hier angeführten verdeutlichen, daß die Motive oft auch kontrastiv zueinander gesetzt sind, so daß sich ein innerer Zusammenhang zwischen ihnen herstellt, den man als dialektisch bezeichnen muß: das klassische Mittel der Symmetrie wird in den Dienst der Dialektik gestellt.

Einen interessanten Versuch, die Symmetrie als Strukturprinzip des Stückes zu definieren, hat Nägele (1971)[190] unternommen. Er setzt als Mittelachse des Stückes die 8. Szene mit dem Gespräch zwischen dem kleinen Mönch und Galilei an, weil sie zwischen zwei großen Handlungsabschnitten – Verbot der Lehre und Wiederaufnahme der Forschung – steht, die „Konfrontation von Weltlich–Geistlich und Wissenschaft–Macht“[191] in der Konfrontation der Personen wiederholt und vor allem die in Szene 1–7 gemachten praktischen Erfahrungen einer theoretischen Analyse unterzieht, um dann unter veränderten Voraussetzungen erneut in die Praxis einzutreten. So ergibt sich eine Parallelstruktur für die Szenen 1–7 mit dem Aufbruch am Beginn und der Indizierung der Kopernikus-Ideen am Schluß, und die Szenen 9–15 mit dem Neubeginn bei der Nachricht vom Wissenschaftler-Papst Barberini und der Inhaftierung am Schluß.[192] Auch andere Szenen weisen solche Entsprechungen auf: z. B. zeigen die Szenen 2 und 10 Galilei auf dem Höhepunkt der Popularität – einmal bei den Großen, das andere Mal beim Volk; in Szene 6 triumphiert er über den Vatikan, in Szene 14 ist er dessen Gefangener. Die Beispiele verdeutlichen, daß erst durch das Prinzip des Kontrastes die Parallelen ihre eigentliche Wirkung entfalten. Brecht nutzt sie, um einem Verhalten oder einem Vorgang in der einen Szene neue, vielleicht deutlichere Konturen im Licht einer anderen zu verleihen.

Diesem Zweck dient auch das Prinzip des Wechsels, das Brecht häufig für die Herstellung einer Relation zwischen zwei aufeinanderfolgenden Szenen einsetzt und das uns als Beispiel für das Bauprinzip der Dialektik dienen soll. Begegnen wir Galilei in der 1. Szene in der ärmlichen Studierstube (Enge), finden wir ihn in der nächsten im großen Arsenal von Venedig bei einer festlichen Zeremonie (Weite); umgekehrt ist es am Anfang die großartige Vision einer neuen Zeit (Weite), der gleich darauf ein kleiner, schäbiger Betrug aus materiellen Motiven (Enge) folgt. Die Szene 3 ist eine Lobpreisung der Vernunft und ein theoretischer Diskurs, Szene 4 zeigt das Scheitern der Vernunft und die Verweigerung des Diskurses. Wird Galilei in Szene 10 als Volksheld gefeiert, so wendet er sich gleich darauf vom Volk ab; und wird die Kirche auf dem Marktplatz verhöhnt und herausgefordert, so handelt und reagiert sie machtvoll in den nachfolgenden Szenen. Für dieses Verfahren des dialektischen Wechsels lassen sich unschwer weitere Beispiele auffinden. Man sieht nicht nur, wie Brecht durch diese Art der horizontalen Verknüpfung der Szenen die gegensätzlichen gesellschaftlichen Kräfte zur Geltung bringt und das widersprüchliche Verhalten der Hauptfigur herausarbeitet, sondern auch, wie er dadurch einen ruhigen, kontinuierlichen Fluß der Handlung verhindert. Immer wieder schlägt sie um, die Szenen gehen nicht unmerklich oder organisch auseinander hervor, sondern stehen zueinander im Widerspruch oder kehren eine Situation in ihr Gegenteil um.

An einem weiteren Beispiel wollen wir uns vor Augen führen, wie das dialektische Prinzip auch die Binnenstruktur der Szenen bestimmt und wie durch dieses Bauprinzip die historische Sehweise des Zuschauers gefördert wird. Damit die Handlungsweise einer Person nicht als naturnotwendig oder ein Vorgang nicht als unausweichlich und unabänderlich erscheint, legt Brecht Wert darauf, daß gleichzeitig mit dem dargestellten Geschehen immer auch die Alternative dazu sichtbar gemacht wird: „Wir müssen in gewissen Lagen mehr als eine Antwort, Reaktion, Handlungsweise erwarten, ein Ja und ein Nein; beides muß einigermaßen begründet, mit Motiven versehen erscheinen" (GW 15, S. 279f., Hervorhebung dort). Er bezeichnet das als „Fixierung des Nicht-Sondern" und hat es für den Schauspieler so definiert:

> Das, was er nicht macht, muß in dem enthalten und aufgehoben sein, was er macht. So bedeuten alle Sätze und Gesten Entscheidungen, bleibt die Person unter Kontrolle und wird getestet. (GW 15, S. 343; Hervorhebung dort)

Dieses Prinzip gilt auch für die Figur des Galilei, und Brecht bringt es regelmäßig in Entscheidungssituationen zur Anwendung. Man kann sich das am Beispiel der Szene 3 gut verdeutlichen: Galilei entscheidet sich für den Wechsel nach Florenz, der Dialog mit Sagredo entwickelt aber aufs ausführlichste die Alternative der Republik Venedig. Regelmäßig verzweigen so in den Szenen Galileis Handlungsmöglichkeiten (siehe Abb. 2) in zwei verschiedene Richtungen, so daß die tatsächliche, die überlieferte Geschichte niemals als zwangsläufig erscheint und jede Entscheidung Galileis auch ihr Gegenteil enthält. Die Widerrufsszene treibt dieses „Nicht-Sondern"-Prinzip auf die Spitze: hier wird aus der Perspektive der Schüler für einen Moment das Nicht-Geschehen (Galileis Standhaftigkeit) zur Wirklichkeit („Er widerruft nicht!") (112), während die faktische Geschichte zur mitgedachten Alternative verkehrt wird: „Als ob es am Morgen wieder Nacht würde, wäre es gewesen" (112). Durch Brechts „kontrafaktisches" Verfahren gewinnt die historische, von Galilei nicht genutzte Alternative gewaltig an Bedeutung; für einen Moment lang wird sozusagen die Geschichte korrigiert, ehe sie sich um so mächtiger Geltung verschafft. Gezeigt wird also: jede Situation enthält auch immer ihre Alternative, jede Entscheidung ist die Negation ihres Gegenteils, so daß man sagen kann: der Bau der einzelnen Szene reflektiert die Dialektik als Gesetz der Wirklichkeit.

6.6 „Leben des Galilei" als episch-dialektisches Theater

Die bisherigen Untersuchungen haben gezeigt, daß die Dialektik ein durchgehendes Gestaltungsprinzip des Galilei-Stückes ist. Es wird in der Beschreibung des gesellschaftlichen Feldes genauso wirksam wie in der Gestaltung der Hauptfigur, in der Reihung der Szenen ebenso wie in deren Binnenstruktur. Man kann mit einem Wort sagen: *Leben des Galilei* ist ein dialektisches Drama. Es integriert aber auch „traditionelle" epische Elemente und verhilft ihnen durch ihre Wechselwirkung mit Elementen des aristotelischen Theaters zu neuer, möglicherweise kräftigerer Wirkung beim Zuschauer, auf dessen Veränderung ja alles ausgeht.

Vielleicht ist die Tatsache, daß Brecht trotz seiner theoretischen Vorbehalte bis zuletzt an der Form des Stückes festhielt, ein Indiz für die in der Integration von aristotelischen, epischen

Die Dialektik der Entscheidungssituationen

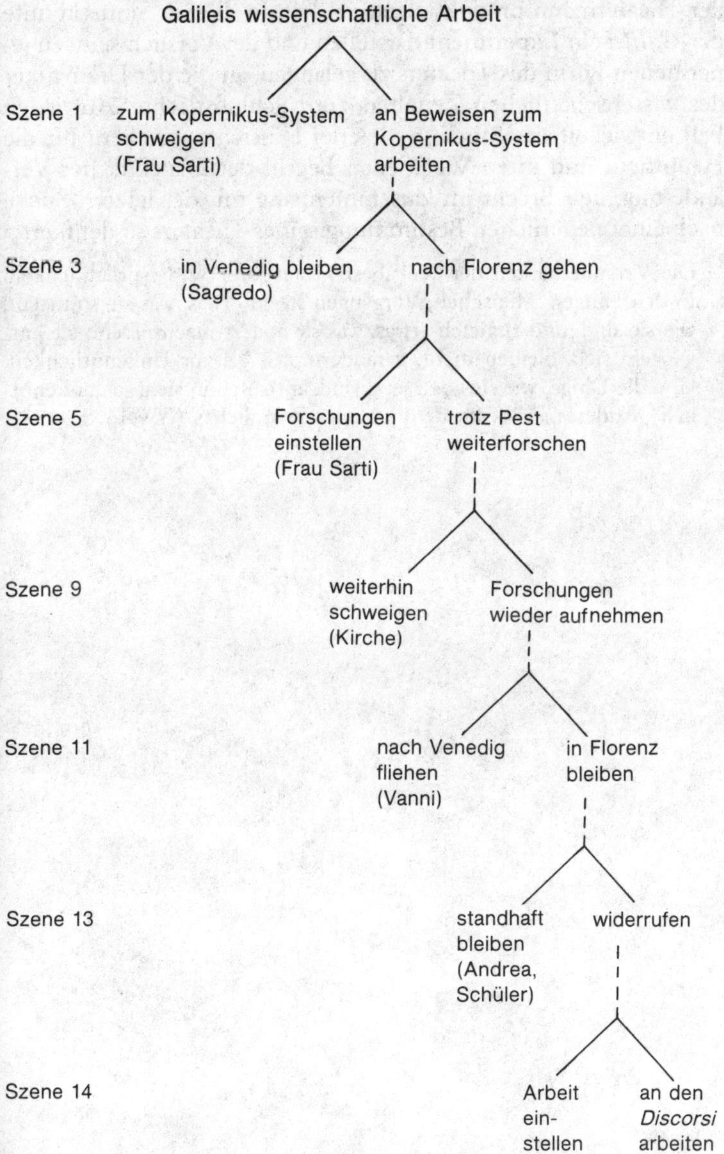

Abb. 2

und dialektischen Elementen steckende dramatische Kraft, die der Theatermann produktiv genutzt hat. In diesem Sinne könnte der *Galilei* ein Experiment darstellen und der Versuch sein, zu jener neuen Form des Theaters zu gelangen, an die der Dramatiker des wissenschaftlichen Zeitalters zum Schluß dachte. Auf jeden Fall entwickelt das Stück in vielerlei Hinsicht, vor allem für die Hauptfigur und ihren Weg, jenen Begriff der Dialektik der Veränderung, den Brecht im Zusammenhang mit der letzten Suche nach einer neuerlichen Bestimmung seines Theaters so definiert:

> Die Veränderbarkeit der Welt besteht auf ihrer Widersprüchlichkeit. In den Dingen, Menschen, Vorgängen steckt etwas, was sie so macht, wie sie sind, und zugleich etwas, was sie anders macht. Denn sie entwickeln sich, bleiben nicht, verändern sich bis zur Unkenntlichkeit. Und die Dinge, wie sie eben jetzt sind, enthalten in sich, so „unkenntlich", Anderes, Früheres, dem jetzigen Feindliches. (GW 16, S. 925 f.)

7
Die Sprache

Die Lebendigkeit und Kraft der Dramensprache Brechts und ihre Wirksamkeit auf der Bühne haben entscheidend zum Erfolg der Brechtschen Dramenkunst beigetragen.[193] „Die Sprache des Dramatikers ist keine Formsache" (GW 15, S. 322), meint Brecht, denn: „Dem undeutlichen Sprechen entspricht das undeutliche Denken und das undeutliche Fühlen" (GW 15, S. 322). Dennoch hat Brecht die Sprache seltener in seine theoretischen Betrachtungen zum Theater einbezogen. Immerhin diagnostiziert er, entsprechend seiner allgemeinen Kritik des bürgerlichen Theaters, einen allgemeinen Zustand der „Sprachverlotterung" und einen „erstaunlichen künstlerischen Tiefstand der Sprachbehandlung selbst bei unseren geschätztesten Dramatikern" (GW 15, S. 320). Die Entwicklung einer neuen, realistischen Dramensprache ist aber nicht gleichbedeutend mit einer Nachahmung der wirklichen Sprache auf der Bühne, sie soll sich in ihrer Stilisierung als Sprache einer Theaterfigur ausweisen. So fordert Brecht die „Einstellung der Sprache auf das Gestische" (GW 15, S. 321). Auch aus den bisherigen Ausführungen zu seinem Verständnis von Dramatik läßt sich schließen, daß sozusagen selbstredend die Sprache dem gestischen Bereich zuzurechnen ist. Im März 1939 schreibt der Schriftsteller dazu in seinem Essay *Über reimlose Lyrik mit unregelmäßigen Rhythmen:*

> Man muß dabei im Auge behalten, daß ich meine Hauptarbeit auf dem Theater verrichtete; ich dachte immer an das Sprechen. Und ich hatte mir für das Sprechen (sei es der Prosa oder des Verses) eine ganz bestimmte Technik erarbeitet. Ich nannte sie gestisch. (GW 19, S. 398)

Darunter muß man verstehen, daß die Sprache zur sozialen Typisierung der Figuren beiträgt, daß sie sinnfällig das gesellschaftliche Feld markiert, auf dem sie zu Hause sind oder sich bewegen, daß sie die Haltungen der Figuren zu den Situationen, in denen sie sich befinden, oder zu den Menschen, denen sie begegnen, mitteilt. Man könnte auch sagen: die Sprache stellt die Figuren aus. Manchmal scheint Brecht der Gestus einer Äußerung sogar von solcher Bedeutung zu sein, daß demgegenüber der Wortsinn völlig in den Hintergrund treten kann. Denn aus der Probenarbeit zur 14. Szene mit Laughton berichtet Brecht über den „hämischen, alle Magnifizenz preisgebenden Ausbruch"[194] Galileis in Zurückweisung der neuen Ethik Andreas ("Willkommen in der Gosse, Bruder in der Wissenschaft und Vetter im Verrat!") (124):

> Dies ist eine der wenigen Stellen, mit denen L. Schwierigkeiten hatte. Er bezweifelte, daß der Zuschauer den Wortsinn begreifen würde, abgesehen davon, daß die Worte hier dem sonstigen Vokabular des Galilei, dem pur logischen, nicht entnommen sind. Dem Argument des Stückschreibers, es müsse einen Gestus geben, der die Selbstverdammung des Opportunisten durch die Verdammung jener elementar anzeigt, welche die Frucht des Opportunismus akzeptieren, folgte L. nicht; noch weniger verstand er, daß der Stückschreiber bereit war, sich zu begnügen mit der Ausstellung eines im einzelnen nicht mehr rationell zu verfolgenden Zustandes.[195]

Wie viele andere belegt dieses Probennotat darüber hinaus, welch hohen Stellenwert das Sprechen auf dem Theater für den Dramatiker Brecht hat und welch hohen Grad an Sprachbewußtheit er dabei erkennen läßt. Wir erinnern hier noch einmal an die in dieser Hinsicht sehr aufschlußreichen Probenprotokolle Rülickes[196] und Hechts.[197] Im übrigen deutet die weniger ausgeprägte Reflexion des Sprachlichen auf die Selbstverständlichkeit hin, mit der Brecht das ihm zur Verfügung stehende enorm breite Repertoire sprachlicher Mittel in seinen Stücken handhabt. Einige Beispiele aus dem *Galilei* sollen das verdeutlichen.

7.1 Die Dialektik der Sprache

Das herausragende Merkmal der Sprache des Dialektikers Brecht ist ihre antithetische Strukturierung. Zunächst ist es der Dialog selbst, der im Drama durchgehend, vor allem aber in den vielen großen Streitgesprächen antithetisch geprägt ist. Am extremsten ist das wohl im schon erwähnten stichomythischen Duell der Bibelzitate realisiert. Aber viele andere Beispiele für die antithetische Wechselrede lassen sich im Stück finden, z. B. im Vernunftdisput zwischen Sagredo und Galilei:

> Sagredo: Geh nicht nach Florenz, Galilei.
> Galilei: Warum nicht?
> Sagredo: Weil die Mönche dort herrschen.
> Galilei: Am Florentiner Hof sind Gelehrte von Ruf.

SAGREDO: Lakaien.

GALILEI: Ich werde sie bei den Köpfen nehmen und sie vor das Rohr schleifen. (38)

Die Auseinandersetzung mit Vanni in Szene 11 entwickelt sich ähnlich und schließt mit These und Replik, in denen sich die widersprüchlichen Positionen als unvereinbar erweisen, weil die antagonistische Struktur der Gesellschaft mit einander ausschließenden Interessenstandpunkten eine synthetische Lösung verhindert:

VANNI: Sie scheinen Ihre Freunde nicht von Ihren Feinden auseinanderzukennen, Herr Galilei.

GALILEI: Ich kenne Macht von Ohnmacht auseinander. (101)

Das Beispiel führt aber darüber hinaus schön vor Augen, daß auch die Dialogteile in sich noch einmal antithetisch, nach einem Nicht-Sondern-Prinzip, gebaut sind: Vannis Rede ist vom Freund-Feind-Gegensatz, Galileis Rede vom Macht-Ohnmacht-Gedanken bestimmt. Auch für dieses Verfahren Brechts lassen sich unzählige Beispiele finden. Oft geht die Antithese dabei aus einem Wortspiel, einer Alliteration oder der Assoziation von Bildern hervor, so daß die Sprechweise insgesamt eine sehr starke metaphorische Prägung erfährt. Einige Beispiele:

KURATOR: Aus alten Lederfolianten hat man dort Peitschen geschnitten. Man muß dort nicht wissen, wie der Stein fällt, sondern was der Aristoteles darüber schreibt. Die Augen hat man nur zum Lesen. Wozu neue Fallgesetze, wenn nur die Gesetze des Fußfalls wichtig sind? [...] (19)

GALILEI: Ich brauche Beweise. Und ich will die Fleischtöpfe. Und in diesem Amt werde ich nicht Privatschülern das Ptolemäische System einpauken müssen, sondern die Zeit haben, Zeit, Zeit, Zeit, Zeit! meine Beweise auszuarbeiten, denn es genügt nicht, was ich jetzt habe. [...] (37)

INQUISITOR: Daß es die Rechentafel ist und nicht der Geist der Auflehnung und des Zweifels, das sagen diese Leute. Aber es ist nicht die Rechentafel. Sondern eine entsetzliche Unruhe ist in die Welt gekommen. Es ist die Unruhe ihres eigenen Gehirns, die diese auf die unbewegliche Erde übertragen. (105)

An einem letzten Beispiel sei noch die „Methode, aus dem Antithetischen die Wahrheit herauszuholen“[198], demonstriert, denn die Essenz des dialektischen Prinzips ist es ja, daß aus den beiden

Seiten eines Widerspruchs eine neue Qualität hervorgeht. Im Fall des Gesprächs zwischen Galilei und Sagredo ist das die revolutionäre Erkenntnis, daß die Erde ein Stern unter Sternen ist:

GALILEI: Wie erklärst du dir diese leuchtenden Punkte?
SAGREDO: Es kann nicht sein.
GALILEI: Doch. Es sind Berge.
SAGREDO: Auf einem Stern?
GALILEI: Riesenberge. Deren Spitzen die aufgehende Sonne vergoldet, während rings die Nacht auf den Abhängen liegt. Du siehst das Licht von den höchsten Gipfeln in die Täler niedersteigen.
SAGREDO: Aber das widerspricht aller Astronomie von zwei Jahrtausenden.
GALILEI: So ist es. Was du siehst, hat noch kein Mensch gesehen, außer mir. Du bist der zweite. (27 f.)

Aus der weiteren Entwicklung des Dialogs geht noch deutlicher hervor, wie aus dem Für und Wider der erste große astronomische Beweis, den Galilei im Drama findet, entwickelt wird und wie der Dialog in Sagredos Erkenntnis der Wahrheit mündet. Mit diesem dialektischen Umschlag des Gesprächs markiert Brecht in der 3. Szene einen entscheidenden Schritt in Richtung auf die Durchsetzung der neuen Wissenschaft, gewissermaßen die kopernikanische Wende des Dramas.

7.2 Mittel der Sprachgestaltung im Stück

In der 14. Szene, unmittelbar vor dem Erscheinen Andreas, ist Galilei mit dem Diktat eines der heuchlerischen Briefe an den Erzbischof beschäftigt. Um seine vollständige Unterwerfung unter die Kirche abermals zu dokumentieren, übt Galilei erneut sozialen Verrat, indem er sein Bekenntnis zur „Sprache des Marktes" widerruft:

Noch immer wird mir vorgeworfen, daß ich einmal über die Himmelskörper ein Buch in der Sprache des Marktes verfaßt habe. Es war damit nicht meine Absicht, vorzuschlagen oder gutzuheißen, daß Bücher über so viel wichtigere Gegenstände, wie zum Beispiel Theologie, in dem Jargon der Teigwarenverkäufer verfaßt würden. [...] Ich verzichte gern auf billige Verständlichkeit heiliger Dinge. Das Latein der Kanzel, das die ewige Wahrheit der Kirche gegen die Neugier der Unwissenden schützt, erweckt Vertrauen, wenn gesprochen von den priesterlichen Söhnen der unteren Klassen mit den Betonungen des ortsansässigen Dialekts. (117f.)

Abgesehen davon, daß wir im letzten Satz in ironischer Verkehrung noch einmal den Vorrang des Gestischen vor dem Wortsinn bestätigt finden, und abgesehen davon auch, daß Galilei selbst der Spott wohl doch zu übertrieben scheint, weshalb er „alles nach den Teigwarenverkäufern" (118) wieder von Virginia streichen läßt, liefert Brecht hier in leichter ironischer Verfremdung[199] beinahe eine ganze Theorie der Funktion der Sprache im *Galilei* ab. Denn aus Galileis Diktat an Virginia läßt sich ableiten, welche außerordentliche Bedeutung einer der neuen Wissenschaft angemessenen Sprache zukommt. Diese Frage hat Brecht, gebunden an die Figur Federzonis, leitmotivisch ins Stück eingebaut, indem dieser seine Teilnahme an der Entwicklung der neuen Wissenschaft mit der wiederholten Forderung nach Verwendung der Volkssprache anstelle des Latein einklagt. Damit wird die Sprache zum Transmissionsriemen, der die entscheidende Vermittlung von Wissen und sozialem Fortschritt leistet: erst die Demokratisierung der Sprache gewährleistet auch die in die revolutionäre Umgestaltung der Gesellschaft mündende Demokratisierung der Wissenschaft. Umgekehrt wird in Federzonis Forderung (und in ihrer heuchlerischen Ablehnung durch Galilei im obigen Brief) die lateinische Sprache als wichtiges Instrument der Herrschenden gebrandmarkt, die Unwissenden vom Wissen auszuschließen. Diese Sicht wird im Stück durch den Inquisitor objektiviert, der durch die Verwendung der Volkssprache die Herrschaft der Kirche bedroht sieht und das dem Papst so darstellt: „Dieser schlechte Mensch weiß, was er tut, wenn er seine astronomischen Arbeiten statt in Latein im Idiom der Fischweiber und Wollhändler verfaßt" (107). Anders ausgedrückt: Latein, die Sprache der Kirche und der scholastischen Gelehrten zugleich, sichert den Herrschenden ihr Privileg des Wissens und ermöglicht ihnen die weitere Niederhaltung des Volkes. So spiegelt Brecht im Streit um das Idiom die Klassenspaltung der Gesellschaft und demonstriert zugleich, auf wievielen Gebieten die sozialen Kämpfe stattfinden: der Klassencharakter der Sprache wird im Stück thematisiert; und wenn Galilei am Schluß die Nachricht von Federzonis Rückzug ins bloße Handwerk lachend mit dem Satz „Er kann nicht Latein!" (120) kommentiert, dann verhöhnt er damit auch die von Federzoni repräsentierten Gesellschaftsschichten, die sich für seine Wissenschaften aufgeschlossen hatten.

Aus dieser Analyse der Funktion der Sprache läßt sich nun allerdings nicht gewissermaßen eine einfache Zweiteilung der Sprache des Stückes gemäß der sozialen Zugehörigkeit der Figuren herleiten. Brecht vermeidet hier jede Typisierung und benutzt statt dessen die Sprache zur Individualisierung. Dem aufmerksamen Zuschauer und Leser bietet die Sprachlandschaft des Stükkes deshalb ein sehr differenziertes Bild. Zunächst einmal ist natürlich die volkstümliche Sprache im Stück durch die entsprechenden Figuren repräsentiert. Zu ihnen gehört z. B. Frau Sarti, deren Sprache eine außerordentliche Einfachheit aufweist und darin erheblich mit der Galileis kontrastiert. Dieser ruft sie, mit Hinweis auf seine eigene Verbildetheit („[...] weil wir zu viele Bücher gelesen haben.") (35), zu Hilfe. Frau Sarti versteht es, durch Bildung einer einfachen, ihrem unmittelbaren Lebenskreis entnommenen Analogie die Frage auf ihren Kern zu reduzieren und gleichzeitig unwissentlich die sozialen Implikationen des kopernikanischen Weltbildes offenzulegen: „Dann können Sie schnell Antwort haben. Stelle ich Ihnen das Essen hin, oder stellen Sie es mir hin?" (36). Die aus der Praxis gewonnene Lebensweisheit läßt die Sarti auch nicht als dumm erscheinen, obwohl Brecht sie mit einer sehr reduzierten Syntax und einem ebensolchen Wortschatz ausgestattet hat. Komplexere Satzgebilde führen zum Anakoluth oder sind elliptisch („Wenn ich meine ewige Seligkeit einbüße, weil ich zu einem Ketzer halte, das ist meine Sache [...]") (90), oft überwiegt die syndetische Satzreihe („Du bist noch ein so junges Ding, und eine Mutter hast du nicht, und dein Vater legt diese Eisstückchen aufs Wasser.") (82), und in den wenigen, ihr zugewiesenen längeren Redepassagen muß sie in Ermangelung zutreffender Wörter zu „Ding" und „Sache" Zuflucht nehmen (82). Das ohne Umschweife formulierte Wissen um ihre Unwissenheit weist aber ihre sprachliche Restringiertheit als Symptom und Folge der gesellschaftlichen Verhältnisse aus, wenn sie sagt: „Ich kann auch nichts wissen, ich bin eine ungebildete Person" (82). Thematisiert ist damit, daß die unteren Volksschichten in einer Unwissenheit gehalten werden, die sich noch in der syntaktischen Form der Konstatierung dieser Tatsache selbst niederschlägt: der zweite, eigentlich als Begründung fungierende Satz („weil ich eine ungebildete Person bin") wird ohne kausale Verknüpfung asyndetisch angeschlossen. An der Person Ludovicos wird aber deutlich, daß die volkstümliche Sprechweise nicht einfach der sozialen Zuordnung entspricht. Denn auch bei ihm beobachten wir sprachliche Defizite, obwohl er dem Adel angehört und um Bildung bemüht ist. Bei seinem Bericht vom Amsterdamer Fernrohr, das er als „komisches Rohr" und als „Ding" bezeichnet, versagt seine Sprache, so daß er bei der Beschreibung der Linsen die (digitale) Sprache durch das (analoge) Zeigen („eine so" – „eine so") (alles 15) ersetzen muß, ein typisches Merkmal restringierter Sprache.

Natürlich kontrastiert mit dieser volkstümlichen Sprache am meisten die scholastische Sprache der Peripatetiker. Auffällig ist z. B. in der 4. Szene „der ölige, gleisnerische Ton des Philosophen, der seine ganze scholastische Borniertheit und Buchstabengelehrtheit zelebriert."[200] In seinen Reden finden wir regelmäßig die Berufung auf seine höchste Autorität (zunächst in Latein „Aristotelis divini universum [...]", dann in der Umgangssprache: „das Weltbild des göttlichen Aristoteles") (45 f.), er bedient sich der Lehre gemäßer Termini („mystisch musizierende Sphären", „kristallene Gewölbe", „Satellitentafeln", „Katalog", „celestialer Globus") (46) und fügt sie in einem Satz zu einem kompletten, harmonischen Bild zusammen. Allerdings reproduziert Brecht die Simplizität und Borniertheit des alten Weltbildes auf der syntaktischen Ebene: Indem er den Philosophen die einzelnen Bestandteile des Weltbildes nicht wirklich (logisch oder inhaltlich) einander zuordnen, sondern mit Hilfe des „und" nur aufzählen und beziehungslos aneinanderreihen läßt, entlarvt er dieses angebliche „Gebäude von solcher Ordnung und Schönheit" (46) als leere Rhetorik: den ehrfürchtig ausgesprochenen Begriffen entspricht keine Wirklichkeit, die sprachlichen Zeichen sind Signifikanten ohne Signifikat.

Von der volkstümlichen Sprache hebt Brecht auch Galileis Sprache der Wissenschaften und der Ratio deutlich ab; der Unterschied wird in der Eingangsszene sogar dramatisch fruchtbar gemacht, indem Galilei die naiv-volkstümliche Ausdrucksweise Andreas korrigiert und durch eine streng wissenschaftliche Terminologie ersetzt:

Andrea: Mutter sagt, wir müssen den Milchmann bezahlen. Sonst macht er bald einen Kreis um unser Haus, Herr Galilei.

Galilei: Es heißt: er beschreibt einen Kreis, Andrea. (7)

Die ganze nachfolgende Unterweisung zum Verständnis des Astrolabs läßt sich so auch als kleine sprachliche Lektion verstehen, in deren Verlauf Andrea mit dem für seinen Weg zum Physiker notwendigen Vokabular ausgestattet wird:

Galilei: Untersuchen wir es. Zuerst das erste: Beschreibung.
Andrea: In der Mitte ist ein kleiner Stein.
Galilei: Das ist die Erde.
Andrea: Drum herum sind, immer übereinander, Schalen.
Galilei: Wie viele?
Andrea: Acht.
Galilei: Das sind die kristallnen Sphären. [...] (8)

Die Lektion geht noch weiter, und so wird Andreas naive Alltagssprache Schritt für Schritt durch die passende wissenschaftliche Terminologie ersetzt; aus dem naiven Andrea wird ein Kind der neuen Zeit. Der Wissenschaftler erscheint dadurch zugleich als großer und methodisch geschickter Pädagoge, der sich der Notwendigkeit der exakten Terminologie und der Diskrepanz zur Alltagssprache bewußt ist. Typisch für die Hauptfigur ist eine an die Wissenschaftssprache des historischen Vorbilds angelehnte, gleichwohl stilisierte und mit größerer dramatischer Kraft ausgestattete Sprache, wie man an einer kurzen Gegenüberstellung sehen kann.[201] In der von Brecht benutzten Übersetzung der *Discorsi* heißt es am Beginn des 3. Kapitels:

Über einen sehr alten Gegenstand bringen wir eine ganz neue Wissenschaft. Nichts ist älter in der Natur als die Bewegung, und über dieselbe gibt es weder wenig noch geringe Schriften der Philosophen. Dennoch habe ich deren Eigentümlichkeiten in großer Menge und darunter sehr wissenswerte, bisher aber nicht erkannte und noch nicht bewiesene, in Erfahrung gebracht.[202]

Wenn Andrea nach Aushändigung des Manuskripts gebannt eben diese Passage vorliest, hört sich das so an:

Mein Vorsatz ist es, eine sehr neue Wissenschaft aufzustellen, handelnd von einem sehr alten Gegenstand, der Bewegung. Ich habe durch Experimente einige ihrer Eigenschaften entdeckt, die wissenswert sind. (122)

Worin liegen die Unterschiede? Der einleitende Hauptsatz konzentriert, anders als das Vorbild, die Aufmerksamkeit unmittelbar auf die Person des Forschers selbst, gleichzeitig schwingt im Begriff des „Vorsatzes" das Moment des Verbrecherischen, das Brecht ja auch in diesem zweiten „Fall" erblickt, mit, und nicht zuletzt wird eine gewisse Spannung hinsichtlich des Inhaltes des Vorsatzes erzeugt. In der Parallelisierung von „sehr alt" und „sehr neu" (anstelle des „sehr alt" und „ganz neu" im Original) wird die antithetische Grundspannung des ganzen Stückes zwischen „alt" und „neu" noch einmal akzentuiert. Der zweite Satz verknappt und strafft den Sachverhalt deutlich und beschränkt sich im Vergleich zur *Discorsi*-Vorlage auf eine einfache, nüchterne, angesichts der tatsächlichen historischen Bedeutung des Werkes stark untertreibende Aussage. Pohl (1969) führt ein weiteres einleuchtendes Beispiel für Brechts „Straffung und rhythmische Markierung"[203] der Vorlage an: den Titel des Werkes selbst. Im (von Brecht benutzten deutschen) Original lautet er: *Unterredungen und mathematische Demonstrationen über zwei neue Wissenszweige, die Mechanik und die Fallgesetze betreffend.* Wenn Andrea und sein Lehrer sich über das Werk unterhalten, legt Brecht bei der Nennung des Titels großen Wert auf Einfachheit und Verknappung, fast so, als wolle der Autor auf die Klarheit und Vorbildlichkeit der von ihm selbst sehr geschätzten historischen Vorlage hinweisen:

Galilei: Ich schrieb die „Discorsi" fertig.
Andrea: Was? Die „Gespräche, betreffend zwei neue Wissenszweige: Mechanik und Fallgesetze"? (121)

Durch sein Verfahren gewährleistet Brecht einerseits eine relative historische Genauigkeit, die auch an die sprachlichen Leistungen des Vorbildes anknüpft und sie für das Theater nutzbar macht; vor allem gelingt es ihm, eine Galilei-typische, wissenschaftliche Diktion zu schaffen, die den Physiker von allen anderen Figuren des Stückes unterscheidet. Andererseits stellen Stilisierung, Rhythmisierung und Straffung eine Distanz zum Original her, die für ihre Aktualisierung und Dramatisierung unerläßlich ist. Pohl betrachtet deshalb „Nähe und Abstand der Brechtschen Diktion des Forschers zum Tonfall der Schriften Galileis"[204] zu Recht als eines der wichtigen sprachlichen Merkmale des Stückes. Es scheint, daß noch in der Sprechweise die zwiespältige Haltung Brechts zu dem großen Physiker – „Preis und Verdammung" – nachhallt.

Brechts Kunst der Dramensprache läßt sich aber vor allem daraus ersehen, daß er nun den Astronomen, Physiker und Mathematiker nicht ganz und gar auf das Hauptmerkmal der wissenschaftlichen Sprechweise einseitig festlegt. Im Gegenteil: er stattet ihn mit einer großen Vielfalt möglicher anderer Diktionen aus, die er je nach Situation – flexibel, manchmal auch opportunistisch – anzuwenden weiß. So verfügt er z. B. über die mäeutische Fragekunst des Sokrates und bringt sie in den großen Lektionen für seine Schüler in Szene 1 oder in Szene 9 zur Anwendung.[205] In seinen großen Reden erweist er sich als gelehriger Schüler der traditionellen Rhetorik und greift auf einen schier unerschöpflichen Vorrat an Redemitteln zurück. Bei der Übergabe des Fernrohrs etwa bedient er sich einer in ihrer Formelhaftigkeit typischen offiziellen Sprache, zu der die korrekte Anrede („Eure Exzellenz, Hohe Signoria!") ebenso gehört wie die von der Unterwürfigkeit nicht weit entfernte humilitas-Formel („mit tiefer Freude und aller schuldigen Demut"); die Verdienste seiner Adressaten vergißt er ebensowenig zu erwähnen („an Ihrer Universität", „in Ihrem weltberühmten Großen Arsenal") wie seine eigenen Pflichten. Schließlich, wenn es dann am Ende auf die entscheidenden 500 Skudi hinauslaufen soll, schreckt er nicht zurück vor dem geballten Einsatz rhetorischer Stilmittel, des Hendiadyoins z. B. („[...] kann ich Ihnen heute ein vollkommen neues Instrument vorführen und überreichen, mein Fernrohr oder Teleskop") oder der Hyperbel („nach den höchsten wissenschaftlichen und christlichen Grundsätzen, Frucht siebenzehnjähriger geduldiger Forschung"), bevor er mit einer abermaligen Unterwerfungsformel („Ihres ergebenen Dieners") (alles 23) seine Rede beschließt. Auch andere Reden sind, von ihrer zuweilen überbordenden Metaphorik einmal ganz abgesehen, voller Stilmittel der klassischen Rhetorik, von der „Kette von akzentuierten Zeitangaben"[206] („Selbst die Hundertjährigen", „eine tausendjährige Gepflogenheit", „nach einem Disput von fünf Minuten") und den Personifikationen („Den gefeiertsten Wahrheiten wird auf die Schulter geklopft") (alles 9) in der Rede über die neue Zeit bis zu den Chiasmen („Die Bewegungen der Himmelskörper sind übersichtlicher geworden; immer noch unberechenbar sind den Völkern die Bewegungen ihrer Herrscher.") und Paronomasien („euer Fortschritt wird doch nur ein Fortschreiten von der Menschheit weg sein") (alles 125) in der großen Schlußrede.

Auffällig in den Dialogen und Reden Galileis sind auch die ansonsten der strengen Wissenschaftlichkeit fremden Pathosformen. Mit ihnen markiert Brecht auf der sprachlichen Ebene den Anbruch eines neuen Zeitalters in appellativen Wendungen („Aber jetzt fahren wir heraus, Andrea, in großer Fahrt.") (8), im emphatischen „da"[207] („Da ist keine Stütze im Himmel, da ist kein Halt im Weltall! Da ist eine andere Sonne!") (32) oder in den unzähligen Ausrufen, die die neuen Entdeckungen begleiten („Sie hatten recht!") (32). Pathetische Sprechweise signalisiert aber häufig auch kritische Situationen oder entscheidende Umschläge im Stück, wenn etwa die Schüler ihre Überzeugung von der Standhaftigkeit Galileis mit einem „Oh, wir Glücklichen!" (112) apostrophieren oder Galilei Andreas Angebot einer neuen Ethik mit seinem „Willkommen in der Gosse [...]" (124) ausschlägt.

Brecht vergißt aber bei aller Wertschätzung der Sprache und seinem eigenen Vertrauen in ihre Kraft nicht, Situationen zu entwickeln, in denen sich die Grenzen der sprachlichen Kommunikation zeigen. Sie sind in der Regel mit einem Scheitern Galileis verbunden und deuten auf seine Fehleinschätzung der gesellschaftlichen Kräfteverhältnisse und seine Naivität hin. Von besonderer Ironie ist es, wenn er in Szene 4 mit allen Mitteln seiner Sprachkunst die Peripatetiker dazu zu bewegen versucht, nicht mehr länger der Autorität des Wortes (des Aristoteles), sondern den Augen und den Fakten zu trauen: hier versagt die Sprache des Vernunftmenschen Galilei, die Wortgläubigkeit der Scholastiker siegt. Ähnliches spielt sich in Szene 7 ab: Während sich Galilei noch im sprachlichen Duell mit den Kirchenfürsten befindet, um diese zu seinen Gunsten zu beeinflussen, ist die eigentliche Entscheidung längst gefallen. Das Streitgespräch erweist sich als Scheingefecht, der bloße Diskurs vermag die gesellschaftlichen Machtverhältnisse nicht zu beeinträchtigen. Am Ende des Stükkes gar ist es die Gans, die über das Wort siegt. Bei allem Gefallen, das er an der Schärfe seines eigenen Verstandes und der Brillanz seiner Rede findet: die von Virginia hereingetragene Schüssel mit dem Essen ist für den großen Physiker das Signal, seine

Rede abrupt zu beenden und sich nunmehr in fast zwanghafter Manier dem Genuß hinzugeben: „Ich muß jetzt essen" (126).

Bei der Thematik des Stückes ist es fast schon überflüssig, auf die außerordentliche Rolle der Sprache der Lutherbibel im Stück hinzuweisen. In einer Vielzahl von Wendungen, wörtlichen oder sinngemäßen Anspielungen und Übernahmen kommt sie im *Galilei* zum Tragen. Knust (1985)[208] hat nachgewiesen, daß viele Konstellationen im Stück Ähnlichkeiten mit dem Evangelium aufweisen und Galileis neue Wissenschaft den Charakter einer Heilsbotschaft hat. Dafür gibt es etliche Indizien sprachlicher Art im Stück: „Seit hundert Jahren ist es, als erwartete die Menschheit etwas" (8), sagt Galilei am Anfang; seine Jünger zitieren des öfteren die großen Worte ihres Meisters; und die Anhänger der alten (der sehr alte Kardinal: 62) wie der neuen Weltanschauung (Andrea: 111) legen jeweils ein Glaubensbekenntnis ab. „Die Große Babylonische" (124) am Beginn der Selbstverurteilung Galileis hat eindeutigen Bezug zur Offenbarung, und die apokalyptische Vision vom alles verzehrenden Feuerfall in den Versen der Schlußszene ist bereits in der Bibel vorgezeichnet. Wie subtil und für den normalen Zuschauer im Theater gar nicht nachvollziehbar Brecht die Sprache der Lutherbibel handhabt, läßt sich an einem von Pohl durchgeführten Vergleich zeigen.[209] Er stellt die im Zitatenduell in Szene 7 angeführten Sprüche Salomos dem originalen Wortlaut der Bibel gegenüber. Das erste Zitat Galileis sei als Beispiel gewählt: „Wer aber das Korn zurückhält, dem wird das Volk fluchen" (66). Das kommt dem Original ziemlich nahe, in dem es heißt: „Wer Korn innehält, dem fluchen die Leute." (Spr. Salomos 11, Vers 26). Barberini antwortet darauf wie folgt: „Der Weise verbirgt sein Wissen" (66). Dafür gibt es entgegen Barberinis Behauptung („Sprüche Salomonis") keine exakte Entsprechung bei Salomo, sondern allenfalls vage Ähnlichkeiten, z. B. Spr. Salomos 12, Vers 23: „Ein verständiger Mann trägt nicht Klugheit zur Schau; aber das Herz des Toren schreit seine Torheit hinaus." Es ist offensichtlich, daß der Kardinal mit seiner verfälschenden Zitierweise die Autorität der Bibel mißbraucht, um Galilei zum Schweigen zu bringen, während dieser als „gläubiger Sohn der Kirche" verzweifelt die Verträglichkeit seines Verhaltens mit der Bibel nachzuweisen versucht. Insgesamt kann man für dieses wie für andere Dramen Esslin folgen, wenn er feststellt, daß die Dramensprache Brechts „deutlich von der kräftigen, klobigen und scharf profilierten Redeweise der Lutherbibel durchsetzt und geformt" ist.[210]

Die große Fülle der sprachlichen Gestaltungsmittel im Stück macht ihre vollständige Berücksichtigung unmöglich, aber zuletzt sind noch, sozusagen als Brechtsche Selbstverständlichkeit, die Mittel der Ironie und der Verfremdung zu nennen, die durchgehendes Merkmal der Sprache sind. Ironische Sprechweise ist dabei an keine bestimmte Figur gebunden, Beispiele lassen sich beliebig viele finden. Am Ende der Szene 2 sagt Ludovico: „Und ich glaube, ich fange an, etwas von Wissenschaft zu verstehen" (26), aber er bezieht sich natürlich in Wirklichkeit auf Galileis Kommerzialisierung der Neuigkeit aus Amsterdam; und wenn Galilei in Szene 3 die Wissenschaftler in Florenz als „Gelehrte von Ruf" (38) bezeichnet, ist klar, daß es sich auch in Galileis Augen nur um den zweifelhaften Ruf der Anhänger eines zum baldigen Untergang verurteilten, morschen Weltbildes handelt. Brecht setzt das Mittel der Ironie auch in dramatische Aktion um: den Hinweis des peripatetischen Gelehrten auf den hinabgefallenen Schwerkraftstein repliziert Galilei mit der trockenen Bemerkung: „Hinauf, Monsignore, es ist mir hinaufgefallen" (61). In der gleichen Szene hat der sehr alte Kardinal soeben das Wort „unvergänglich" geäußert, als er zusammensinkt.

Verfremdendes Sprechen läßt sich gut anhand einer kurzen Passage aus der Rede des kleinen Mönchs in Szene 8 verdeutlichen. Dort sagt er:

> Kein Sinn liegt in unserm Elend, Hunger ist eben Nichtgegessenhaben, keine Kraftprobe; Anstrengung ist eben Sichbücken und Schleppen, kein Verdienst. (76)

Für die alltäglichen Erfahrungen der Not und des Elends der Campagnabauern führt der Mönch hier jeweils zwei verschiedene Sichtweisen an: zunächst die aus der Sicht des Zuschauers und Lesers normale, fast lexikalische Definition, dann eine ideologisch überhöhte, die aber die „einfache" Sichtweise der ersten Definition in Frage stellt. Umgekehrt erscheinen in der Konfrontation mit der gewöhnlichen lexikalischen Bedeutung die ideologischen, dem Tugendkatalog entstammenden Begriffe als besonders ungewöhnlich und bemerkenswert, ihr eigentlicher Charakter offenbart sich: sie dienen der religiösen und spirituellen Verschleierung der harten sozialen Wirklichkeit. Das Verfahren der sprachlichen Verfremdung dient Brecht also dazu, die tatsächlichen sozialen Verhältnisse wie auch den Versuch ihrer Verhüllung in prägnanter Form zu demaskieren.

7.3 Motive und Bilder

Es ist unmöglich, in unserem Zusammenhang der großen Zahl der Motive und der Fülle und Reichhaltigkeit der Bilder des Stükkes in einer umfassenden Darstellung gerecht zu werden.[211] Stellenweise gewinnen die Dialogpassagen poetische Qualität, und mit gutem Recht bezeichnet Schumacher (^{2}1968) die Metaphorik als „durchgehendes Kennzeichen der Sprache des Stückes, sie macht gerade sein Spezifikum aus."[212] Wir müssen uns aber hier auf die Untersuchung einiger weniger, meistens leitmotivisch verwendeter Bilder und Motive beschränken, die thematisch ins Zentrum des Stückes gehören.

Milch

Die Milch ist „das erste Objekt, das die Aufmerksamkeit des Zuschauers auf sich lenkt"[213], und mit Galileis Aufforderung „Stell die Milch auf den Tisch, aber klapp kein Buch zu" (7), wird sie sofort als Symbol in den Mittelpunkt des Stückes gerückt. Denn in „Milch" und „Buch" sind die beiden Seiten der Hauptfigur enthalten, die seinen ganzen weiteren Weg bestimmen: das Essen und die Wissenschaft, die „Fleischtöpfe" und die „Beweise" (37), das Interesse am Komfort und an der Forschung. Wenn Andrea gleich darauf an die noch offene Rechnung des Milchmannes erinnert, wird aber damit der metaphorische Gehalt von „Milch" auf die gesamten Lebens- und Arbeitsbedingungen des Wissenschaftlers erweitert, wodurch diese von Beginn an als eines der zentralen Themen des Stückes bezeichnet sind. In dieser metonymischen Bedeutung wird das Bild im Verlauf der Eingangsszene des Dramas mehrmals verwendet, so von Galilei selbst, („Dazu, daß man es begreift, arbeite ich und kaufe die teuren Bücher, statt den Milchmann zu bezahlen.") (11) und dann wiederholt von Frau Sarti („Hoffentlich können wir auch den Milchmann bezahlen in dieser neuen Zeit, Herr Galilei.") (12), die von Beginn an den „Kampf um die Milch" personal repräsentiert. Eine weitere Verallgemeinerung der Symbolik kommt zustande, wenn Galilei seinem Schüler Andrea die wissenschaftliche Hypothesenbildung erläutert:

> Daß die Felice dort unten, vor dem Korbmacherladen, die ihr Kind an der Brust hat, dem Kind Milch gibt und nicht etwa Milch von ihm empfängt, das ist so lange eine Hypothese, als man nicht hingehen und es sehen und beweisen kann. (21)

Zusammen mit den Bildelementen „dort unten", „Korbmacherladen" sowie „Kind" dient hier das „Milch"-Symbol zur Veranschaulichung der materiellen Lebensgrundlagen des Volkes. Indem Galilei sich in seinem Beispiel darauf bezieht, bekundet er die Verbundenheit seiner Wissenschaft mit den sozialen Kämpfen der unteren Volksschichten, und die „Milch" wird zum zentralen Symbol für die soziale Verantwortung der Wissenschaft, wie Galilei sie in seiner Schlußrede mit Bezug auf den „Kampf der römischen Hausfrau um Milch" (125) postuliert. Anscheinend hat Andrea diese Lektion gelernt, wenn er in der Schlußszene der Alten einen Krug Milch überläßt. In beiden Bedeutungen – mit Bezug auf die Sinnlichkeit Galileis und auf die materiellen Lebensgrundlagen des Volkes – kommt das Bild in einer Äußerung Barberinis zum Tragen:

> Zwei Knäblein, so geht die Mär, empfingen Milch und Zuflucht von einer Wölfin. Von der Stunde an müssen alle Kinder der Wölfin für ihre Milch zahlen. Aber dafür sorgt die Wölfin für alle Arten von Genüssen, himmlische und irdische. (67)

In dieser verfremdenden Sichtweise der „Milch" wird die Ausbeutung des Volkes offenbar, und hinsichtlich Galileis handelt es sich hier um einen eindeutigen Versuch, dessen Sinnlichkeit für einen Akt der Korruption zu benutzen.

Maske und Karneval

In der Karnevalsszene, die wir oben bereits untersucht haben, hat Brecht das Motiv des Karnevals, der Maskerade und der Verkleidung in szenischer (und lyrischer) Breite gestaltet, so daß ihm vor allen Dingen wegen der großen theatralischen Wirksamkeit die Aufmerksamkeit des Zuschauers – eher vielleicht als des Lesers –

gewiß ist. Mit dieser Szene stellt Brecht eine zweite Wirklichkeitsebene her, mit der die Ebene der Dramenhandlung transzendiert wird und die – als Fiktion in der Fiktion – eine historische Möglichkeit antizipiert. Im Lichte dieser „spielerisch-ephemeren Aufhebung der Herrschaftsverhältnisse, die für ein paar Tage und Nächte das Goldene Zeitalter einer von aller Repression befreiten Triebwelt hervorruft“[214], erscheint dann die Wirklichkeit um so elender und härter, aber auch unnatürlicher.

Eine zweite Karnelvalsszene – in ihrer sozialen Zuordnung und in der Plazierung im Stück symmetrisch zu der ersten – ist die Szene im Kardinalspalast. Dort wird Galilei „von einer kleinen Gruppe maskierter Damen und Herren mit Applaus empfangen“ (64). Als dann die Kardinäle Bellarmin und Barberini die Szene betreten, halten sie sich die Masken des Lamms und der Taube vor das Gesicht. Brecht hat hier zwei christliche Tiersymbole gewählt, die für den Heiligen Geist und den Gottessohn stehen, so daß die Kardinäle ihre Gesichter gleichsam hinter den zentralen Symbolen der christlichen Gottesauffassung verbergen. Das findet im Dialog eine exakte Entsprechung, denn Bellarmin wie Barberini geben freimütig zu erkennen, daß sie die Religion nur benutzen, um die weltlichen Machtansprüche der Kirche und die wahren Herrschaftsverhältnisse zu verschleiern, denn „die Verantwortung für den Sinn solcher Vorgänge“ haben sie „einem höheren Wesen zugeschoben“ (68). Das wahre Gesicht hinter der Maske ist die ausbeuterische Wölfin, die Barberini wenig später Galilei gegenüber erwähnt. Überhaupt ist die herrschende Macht im Stück mit dem Motiv der Verkleidung verknüpft: die Sekretäre, mit denen Galilei zu Beginn der Szene 7 spricht, entpuppen sich als Spitzel, „das Individuum“ in Szene 11 und 13 gar ist unkenntlicher und anonymer Agent und besitzt in seiner Namenlosigkeit weder Individualität noch Identität. Schließlich kommt auch in Szene 12 das Motiv der Verkleidung zur Geltung: erst nach entsprechender Kostümierung ist Barberini in der Lage, gemäß seinem Amt als Papst zu entscheiden. In dieser Verwendungsweise verdeutlicht das Motiv der Maskerade Brechts Ansicht, daß „die Unterdrücker unserer Zeit Theater spielen“ (GW 16, S. 560), besonders die Faschisten, um „ihre direkten Verrichtungen und Geschäfte einem Publikum als einleuchtende und vorbildliche aufzudrängen“ (GW 16, S. 560).

Maskerade und Kostümierung finden wir aber nicht nur auf der Seite der Mächtigen. Der Rat an Galilei in Szene 7, er hätte sich „besser als braver Doktor der Schulmeinung“ (70) kostümieren sollen, ist von einiger Perfidie, denn zu dem Zeitpunkt, als der verspätete Rat erteilt wird, ist das Dekret längst erlassen, Galilei also zur Maskierung der Wahrheit schon gezwungen. Brecht führt das szenisch vor: gegen seinen Willen und widerstrebend wird der unmaskierte „arme Galilei“ (70) von den beiden Kardinälen in die Mitte genommen, am Arm gefaßt und regelrecht in den Ballsaal abgeführt.

Die Szene im Haus des Kardinals antizipiert auch schon den Widerruf, der nunmehr als späte Erfüllung des Ratschlags Barberinis interpretierbar ist: Der Widerruf ist die erzwungene sprachlich-ideologische Maskerade Galileis. Daß auch die Verstellung und die Heuchelei dem Motiv der Maskerade und der Verkleidung zugehören, belegt eine Äußerung Galileis nach der Fernrohr-Übergabe in Venedig: er bezeichnet den gesamten Vorgang als „Karneval“ (24). In der Folge weisen der Brief an Cosmo de Medici, die heimlichen Forschungen in Szene 9 und natürlich die Briefe an den Erzbischof in der 14. Szene Galilei als Meister der Verstellung aus, der der Sklavensprache mächtig ist. Darin, so scheint es, schimmert auf der metaphorischen Ebene noch die Tendenz der dänischen Fassung durch, daß die „Wahrheit unter dem Rock“ (127) überleben und ihren Träger schützen kann. Deshalb ist Andreas Lösung in der Schlußszene von dialektischer Pfiffigkeit: er verbirgt die Wahrheit (des *Discorsi*-Manuskriptes), indem er sie offen zeigt.

Sehen

Das Motiv des Sehens und seine zentrale Bedeutung im Stück sind von Knopf bereits ausführlich dargestellt worden.[215] Wir wollen uns deshalb hier auf einige Hinweise beschränken. Der Kampf zwischen den beiden Weltbildern, dem ptolemäischen und dem kopernikanischen, wird auch um zwei grundlegend verschiedene Arten des Sehens geführt. Das alte Weltbild ist mit einer Art Sichtbarkeitspostulat verbunden, das besagt, daß die Welt sich dem Menschen vollständig und in ihrer Gänze darbietet. Die Grenzen der Welt sind dort, wo das Unsichtbare, das dem menschlichen Auge Unzugängliche beginnt. Umgekehrt ist das

Unsichtbare der Bereich des Göttlichen und deshalb dem Menschen verschlossen. Im Zentrum der Welt ist der Mensch zum Zeugen und Betrachter dieser göttlichen Weltordnung auserwählt. Aus dieser Vorstellung erklärt sich zweierlei. Da die Welt der unmittelbaren Anschauung durch den Menschen zugänglich ist, genügt auch sozusagen ein einziger Blick, nämlich der des Aristoteles, um die Welt in ihrer Ganzheit zu erfassen und das Buch der Natur zu lesen: Neues kann nicht mehr entdeckt werden. Daher rührt die Starre des alten Weltbildes; es gibt keine Entwicklung, weil nichts Neues mehr gefunden werden kann. Sehen kann deshalb nur heißen, was die Hofgelehrten in Szene 4 darunter verstehen: sie trauen ihren Augen, wenn sie ihren Aristoteles lesen. Zum zweiten erklärt sich aus dem Sichtbarkeitspostulat die Weigerung, durch das Fernrohr zu schauen. Da bereits alles gesehen wurde, kann der Mensch sich nicht mit technischen Hilfsmitteln oder Tricks neue Bereiche des Universums erschließen. Daraus resultiert die Überzeugung, „daß, was in Ihrem Rohr ist und was am Himmel ist, zweierlei sein kann“ (46). Für den Peripatetiker ist das Fernrohr eine Zumutung und nur als skandalöser Betrug, Scharlatanerie, interpretierbar.[216]

Mit dem alten Sehen geht auch die Gewißheit des Gesehenwerdens einher, die Vorstellung, daß auf dem Menschen als Mittelpunkt des Alls „das Auge des Schöpfers ruht“ (62), wie der sehr alte Kardinal es ausdrückt. Die Welt ist, so sagt es der kleine Mönch, eine Art Theater, aufgebaut, „damit sie, die Agierenden, in ihren großen oder kleinen Rollen sich bewähren können“ (76).

Die Ablösung des alten Sehens bedeutet also für die Menschen den Verlust der Gewißheit, „daß das Auge der Gottheit auf ihnen liegt“ (der kleine Mönch, 75f.) mit der Konsequenz, daß sie sich ihre Rollen selber suchen und, wieder mit einem Wort des kleinen Mönchs, nach sich „selber sehen“ müssen (76). Diese neue Art des Sehens wird von Galilei schon in der 1. Szene gelehrt, wenn er dem kleinen Andrea ungeduldig vorhält: „Du siehst! Was siehst du? Du siehst gar nichts. Du glotzt nur. Glotzen ist nicht sehen“ (11). Das neue Sehen ist also nicht einfach Anschauung dessen, was offensichtlich ist, sondern verstehendes, begreifendes Sehen, das hinter dem unmittelbar Evidenten das Wesen und die Gesetze der Dinge erfassen will. Knopf weist darauf hin, daß damit die modernen Wissenschaften allerdings in ein Dilemma geraten: Sie wollen beweisen, daß das aus der unmittelbaren Anschauung Gewonnene auf einer Täuschung beruht, verlangen aber gleichzeitig, beim Blick durchs Fernrohr den eigenen Augen zu trauen. Kardinal Barberini formuliert es so:

> Schlau, schlau. Was man sieht, Bellarmin, nämlich daß der Gestirnhimmel sich dreht, braucht nicht zu stimmen, siehe Schiff und Ufer. Aber was stimmt, nämlich daß die Erde sich dreht, kann man nicht wahrnehmen. Schlau. (66)

Wenn also das Unsichtbare sichtbar gemacht werden kann und das Sichtbare sich als bloßer Augenschein erweisen kann, kann auch das neue Sehen Trugbilder produzieren: „Auch dieses Sehen kann sich wiederum als Augenschein erweisen: die Erkenntnis ist zum Prozeß geworden, es gibt nur noch historische Wahrheiten."[217]

Mit dem Titelhelden ist das Motiv des Sehens auf vielfache Weise verknüpft. Am Beginn ist er der Lehrer des neuen Sehens, aber er ist es auch, den Sagredo warnend fragt: „Von wem sagt man, daß er sehenden Auges geht?" (38). Das Sehen ist also auch ein soziales Sehen; diese Fähigkeit, gesellschaftliche Zusammenhänge zu verstehen, büßt Galilei gleichzeitig mit seinem Augenlicht zusehends ein. Am Ende jedoch, fast vollkommen erblindet, wird er wieder zum Seher. Er hat die Vision vom „universalen Entsetzensschrei" (126), aber auch die von einer Wissenschaft, die einmal „die Mühseligkeit der menschlichen Existenz [...] erleichtern" (125) möge.

Das Fernrohr

An der thematischen Bedeutung des „Sehens" im *Galilei* läßt sich ablesen, daß mit dem Fernrohr ein dingliches Symbol im ideellen Zentrum des Stückes zu finden ist, das den sicheren Blick des Autors für das theatralisch Wirksame und gleichzeitig historisch Relevante verrät. Denn dem Materialisten Brecht ist nicht entgangen, daß das Fernrohr eine der materiellen Grundlagen ist, die das Entstehen der neuen Wissenschaften überhaupt erst ermöglicht haben. Deshalb läßt Brecht den Zuschauer in der 1. Szene an der (Wieder-)Erfindung und der (Re-)Konstruktion des Fernrohrs und im folgenden an den vielen nützlichen Seiten des Instrumentes unmittelbar teilhaben.

In der 1. und 2. Szene, wo der Wissenschaftler mit einem kleinen Betrug das Fernrohr in klingende Münze umsetzt, symbolisiert es die Notwendigkeit der Wissenschaft, sich den Gesetzen des Marktes zu unterwerfen: was keinen Tauschwert hat, taugt nicht für die Gesellschaft. Es offenbart also den Warencharakter der Wissenschaft. Für Galilei selbst hingegen steht sein Gebrauchswert im Mittelpunkt. Noch während der Übergabe an die Signoria gilt sein ganzes Interesse dem Nutzen und den Möglichkeiten des neuen Instruments: sie sind, wie wir oben gesehen haben, schlichtweg revolutionär, weil das Fernrohr das Sichtbarkeitspostulat historisch erledigt; daher ist, so sagt es Blumenberg im Zusammenhang mit dem historischen Galilei, und so entwikkelt es Brecht im Stück, „das Fernrohr die große, metaphysisch unerwartete und deshalb so relevante Überraschung der beginnenden Neuzeit".[218] Folgerichtig bildet es fortan den szenisch-dinglichen Mittelpunkt: In den Szenen 1 bis 6 (mit Ausnahme von 5 b) und in Szene 9 ist es auf der Bühne präsent und in die dramatische Handlung integriert, in vielen übrigen Szenen wird es gedanklich assoziiert (durch Erwähnung der Jupitermonde und das Generalthema der Dialoge, das kopernikanische Weltbild, in Szene 7 z. B.) oder im Dialog erwähnt.

In Szene 2 kommt neben den bisher schon erwähnten eine Seite des Fernrohrs zur Geltung, die leicht übersehen wird, weil sie, worauf Sautermeister hingewiesen hat, im Stück nicht weiter ausgebaut ist. In Frageform weist der Kurator nach der Übergabe des Fernrohrs auf den militärischen Nutzen der „Erfindung" hin:

> Und ist es Ihnen beigefallen, daß wir vermittels dieses Instruments im Kriege die Schiffe des Feinds nach Zahl und Art volle zwei Stunden früher erkennen werden als er die unsern, so daß wir, seine Stärke wissend, uns zur Verfolgung, zum Kampf oder zur Flucht zu entscheiden vermögen? (24)

In dieser Frage ist also die Vorstellung impliziert, daß die Wissenschaften unter anderem auch „unter bestimmten gesellschaftlichen Voraussetzungen politisch-ökonomischen Interessen in Gestalt des Kriegs dienstbar werden"[219] und so zur Vernichtung der Menschen oder zur Herrschaft über sie einen entscheidenden Beitrag leisten können. Dieser Gedanke hätte die eigentliche Analogie zu d e r wissenschaftlich-militärischen Errungenschaft des 20. Jahrhunderts, der Atombombe, leisten können. Freilich hätte das den ideellen Rahmen des Stückes prinzipiell betroffen, ihn gar gesprengt. Denn: „Dem wissenschaftlich angeleiteten Fortschritt des Menschengeschlechts, zentrale Utopie der Aufklärung, ist in diesem Fall der Rückschritt dialektisch zugesellt."[220] Diese Schlußfolgerung hätte aber das ganze Konzept Brechts, den Anbruch einer großen und fortschrittlichen Epoche und den Verrat an ihr zu zeigen, grundsätzlich in Frage gestellt und untauglich gemacht.

Brechts Interesse richtet sich statt dessen auf das neue wissenschaftliche Denken, das mit dem Fernrohr in die Welt kommt. In der Schlußrede Galileis leistet dieses Symbol auch die Vermittlung von wissenschaftlicher und sozialer Revolution, wodurch eine weitere Seite seiner Bedeutung entfaltet wird, wenn der Physiker sagt: „Unsere neue Kunst des Zweifelns entzückte das große Publikum. Es riß uns das Teleskop aus der Hand und richtete es auf seine Peiniger" (125).

Freundlichkeit

Zum Schluß wollen wir die Aufmerksamkeit noch auf ein Motiv lenken, das vielleicht eher beim Zuschauen, weniger beim Lesen des Stückes zur Geltung kommen mag, dafür aber um so mehr dem Theater Brechts zugehört. Es handelt sich um kleine Gesten der Freundlichkeit, die Brecht fast unmerklich im Stück verstreut hat. In der 1. Szene des Stückes sind sie eher unauffällig, weil der Konfiguration Andrea – Galilei insgesamt der Gestus der Freundlichkeit unterlegt ist. Dieser Gestus stellt sich aber unter anderem erst aus diesen vielen kleinen Gesten her. Dazu gehört, daß Andrea seinem großen Vorbild das Frühstück hereinbringt (obwohl das eigentlich in den Aufgabenbereich seiner Mutter fällt) und daß Galilei darauf mit einer ähnlichen Geste antwortet („Ich habe was für dich") (7), als er das Holzmodell des ptolemäischen Systems hervorholt. Weitere solcher Gesten, in denen sich die Sorge um das Wohlergehen und das Wohlbefinden des Mitmenschen mitteilt, sind in der 1. Szene z. B.: Andrea reibt Galilei den Rücken ab (8); Andrea drängt Galilei, nun endlich seine Milch zu trinken (10); Galilei bittet Andrea um Verständnis, daß er Ludovico als Schüler vorziehen muß und daß es nun mit der Freundlichkeit zu Ende ist (15); Galilei überläßt Andrea den Apfel (15).

Die Häufung freundlicher Gesten in der Anfangsszene trägt entscheidend auch zum fast utopischen Charakter des ersten Teils der Szene (bis zum Abgang Andreas) bei. In den weiteren Szenen des Stückes, die eher von der Auseinandersetzung als von der Zuwendung geprägt sind, sind solche Gesten folglich seltener, aber auch auffälliger: das lange Aushalten der Sarti bei Galilei in der pestverseuchten Stadt muß man dazurechnen (53), das Angebot der alten Frau an Galilei, ihm in der Nacht einen Krug Milch vor die Tür zu stellen (55), aber auch das nicht ganz uneigennützige Angebot Vannis, dem Wissenschaftler zur Flucht nach Venedig zu verhelfen (101), oder die vom Glasschneider Volpi bereitgehaltene Fluchtmöglichkeit (103), selbstverständlich auch das solidarische und gemeinsame Ausharren der Schüler in der Widerrufsszene (109 ff.), die sich gegenseitig Trost und Mut spenden. Sicher ist es kein Zufall, daß Brecht das Stück mit einer Geste der Freundlichkeit beschließt, wenn Andrea der alten Frau den Krug Milch überläßt (131). Darin drückt sich die Hoffnung des Dichters aus, daß im humanen Handeln, so wenig es an einer inhumanen Grundkonstellation zu ändern vermag, bereits der Kern einer grundlegend humanen Gesellschaft enthalten ist, in der es einer besonderen, einzelnen Geste der Freundlichkeit nicht mehr bedarf.

8
„Leben des Galilei“ als Dramatisierung ästhetischer Kategorien Brechts

Die vorangegangene Untersuchung hat gezeigt, daß Brecht mit seinem Schauspiel über das Verhältnis von Wissenschaft und Gesellschaft einen Beitrag zu einer der großen Fragen des „wissenschaftlichen Zeitalters“, dem Verständnis des Autors zufolge vielleicht zu der zentralen Frage überhaupt, zu leisten versucht hat. Die Forschung zum Stück hat sich natürlich auch von Beginn an diesem zentralen Thema gewidmet. Daneben aber lassen sich in einer groben Unterscheidung in der Literatur zu *Leben des Galilei* zwei verschiedene Tendenzen ausmachen. Eine große Zahl von Arbeiten beschäftigt sich mit den von Brecht selbst aufgeworfenen Fragen der Form, die wir oben angesprochen haben, und der Stellung des Schauspiels im Werk Brechts.[221] Eine zweite Gruppe von Untersuchungen hat lange Zeit weniger das Werk selbst als vielmehr die Persönlichkeit des Autors zu deuten versucht. Ausgehend von einigen offensichtlichen Parallelen in den Biographien Galileo Galileis und Bertolt Brechts wurde auf meist spekulative, oft herabsetzende Weise aus dem Stück *Leben des Galilei* im Handumdrehen der psychologische Fall Brecht. In der Regel lief das, mit einigen psychoanalytischen Versatzstücken garniert, auf die Deutung hinaus, in der Verurteilung Galileis versuche der Autor seine eigene Unterwerfung unter eine autoritäre kommunistische Obrigkeit zu kompensieren.[222] Solche Ansätze können, größtenteils wegen ihres spekulativen und unwissenschaftlichen, oft auch polemischen Charakters, in der Forschung als inzwischen weitgehend erledigt betrachtet werden; ungeachtet dessen finden sie aber immer noch einigen Nachhall, vor allem in der didaktischen Literatur[223], die ja oft die breite Rezeption eines literarischen Werkes bestimmt.

Nun sind ja gewisse äußere Gemeinsamkeiten zwischen den beiden Biographien kaum zu übersehen, wenn man etwa an die Exilsituation, an den Kampf für die Freiheit des Wortes und für die Wahrheit oder die Arbeitsbedingungen denkt. Die Parallelen erweisen sich aber nur als tragfähig, wenn sie nicht im Persönlichen und Oberflächlich-Faktischen, sondern im Bereich des gesellschaftlichen Verhaltens und der Haltungen gesucht werden.

Müller (1981) vergleicht den Galilei des ersten Teils des Stückes, den Helden der Wissenschaft, mit dem Stückeschreiber:

> [...] beide setzen auf die Vernunft und ihre aufklärerische Wirkung, beide erkennen den Zusammenhang zwischen Denken und gesellschaftlicher Praxis, beide sehen sich am Beginn eines Zeitalters der Wissenschaft und im Kampf gegen eine Herrschaftsform, die sich nur behaupten kann, indem sie sich der Wahrheit widersetzt.[224]

Eine noch weitergehende, tiefere Übereinstimmung ergibt sich aber, so Müller weiter, in der Denkweise: Galilei gilt dem Dramatiker als „Ahnherr des Verfremdungseffekts"[225], folglich auch seiner Dramatik, deren zentraler Begriff ja die Verfremdung ist. Das erklärt nicht nur Brechts langanhaltendes, eigentlich lebenslanges Interesse am Galilei-Stoff, sondern es ist auch zu erwarten, daß mit der Dramatisierung dieser Figur zugleich in irgendeiner Form auch ihre Denkweise inszeniert wird. Darauf deutet allein schon die Tatsache hin, daß das Drama die Auseinandersetzung zwischen dem aristotelisch-ptolemäischen und dem kopernikanischen Weltbild thematisiert: „die dramatis personae spiegeln den theatertheoretischen Widerstreit"[226] zwischen aristotelischem und nichtaristotelischem Theater wider.

Charbon hat schon 1974 darauf hingewiesen, daß es „nicht nur legitim, sondern unerläßlich" ist, „naturwissenschaftliche Begriffs- und Denkkategorien in die Interpretation von ‚Leben des Galilei' einzubeziehen."[227] Sie sind allerdings kaum in ihrer ursprünglichen Bedeutung, sondern in einer für das Theater adaptierten, Brecht-spezifischen Form im Stück wirksam, wie wir oben am Beispiel des sozialen Feldes sahen. Anhand einiger zentraler Begriffe der Brechtschen Ästhetik soll nun im folgenden gezeigt werden, auf welche Weise im *Galilei* zentrale Begriffe der Brechtschen Theatertheorie in einer dramatischen Fiktion wieder auf ihren Ursprung zurückgeführt werden und wie diese „kategorialen Bestimmungen zum theatralischen Leben" erwachen[228], so daß man mit Sautermeister von einer „Selbstinszenierung zentraler Kategorien der Theorie"[229] sprechen kann. Knopf hat diese Untersuchung für die Begriffe des Historischen Sehens, wie es oben in Kapitel 7 schon besprochen wurde, der Produktion und des Experimentes bereits vorgenommen[230], Sautermeister für den zentralen Begriff der Verfremdung[231], den wir auch an den Beginn unserer Betrachtung stellen wollen.

Verfremdung
Der „fremde Blick" Galileis, den Brecht im *Kleinen Organon* beschreibt (GW 16, S. 681), steht am Beginn des Stückes und löst die Handlung aus. Die „spezifische Gestalt der Verfremdung"[232] im Stück ist der Zweifel. Im weiteren Verlauf des Stückes wird nun Verfremdung „Teil des Lern- und Bewußtwerdungsprozesses des Protagonisten. Sie wird als seine Leistung Bestandteil der Figurenperspektive"[233], denn alles unterwirft er dem Zweifel. Umgekehrt wird aber auch das Handeln und Verhalten der Hauptfigur, aus der Persektive Sagredos oder Vannis etwa, dem Zweifel ausgesetzt. Damit wird Verfremdung in Gestalt des Zweifels auch Motor der dramatischen Handlung und ermöglicht gleichzeitig dem Zuschauer die von Brecht verlangte zweifelnde, kritische Haltung.
Planetarische Demonstration
In seiner eigenen Kritik des Stückes spricht Brecht davon, daß, wollte man den *Galilei* neu schreiben, „alles auf planetarische demonstrationen gestellt" (AJ 25. 2. 1939, S. 32) werden müsse. In diesem Begriff ist seine Vorstellung enthalten, daß, wie die Astronomie die Bahnen der Gestirne, das Theater die gesetzmäßigen Bewegungen der Gesellschaft und die relative Freiheit der Individuen in ihnen darzustellen habe.[234] In der 1. Szene des Stückes finden wir eine planetarische Demonstration in dramatische Handlung umgesetzt: Galilei erklärt Andrea das kopernikanische Weltbild, indem er mithilfe des Waschschüsselständers (= Sonne), eines Stuhls, auf dem Andrea sitzt (= Erde und Menschheit) und des Zimmers (= Weltraum) den Verlauf der Gestirnbahnen handelnd nachvollzieht. So wird Andrea (und damit dem Zuschauer) eine Lektion erteilt, indem der Inhalt der Belehrung inszeniert wird: „alles Wissen [ist] in Handlung umgesetzt"[235], und so entspricht es exakt Brechts Vorstellung von Dramatik. Die sinnfällige Unterweisung am Beginn des Stückes ist umso bedeutsamer, als, wie Brecht es in seiner Theorie vorgezeichnet hat, später im Stück den Planetenbahnen des kopernikanischen Weltbildes die sozialen Abläufe gleichgesetzt werden:

Es soll jetzt die creatio dei
Mal andersrum sich drehn.
Jetzt soll sich mal die Herrin, he!
Um ihre Dienstmagd drehn. (95)

Inhalt der Unterhaltung des Zuschauers im *Galilei* ist so die Belehrung selbst. Unterhaltend belehrt Brecht, und belehrend wird unterhalten.

Modell

Mit dem Vorigen ist, wie man anhand der ersten Szene unschwer sehen kann, eng die Vorstellung des Modells verbunden. Theater und Kunst sollen, mit einem Wort Brechts, „ein praktikables Weltbild" (GW 15, S. 297) liefern, wie es auch die naturwissenschaftliche Modellbildung leistet. In das Schauspiel hat Brecht mit der Rauferei zwischen Andrea und Cosmo eine Szene eingearbeitet, die auf mehrfache Weise als „modellhaft" gelten muß.[236] Erstens wird in dramatischer Aktion das Zerbrechen des alten Weltmodells augenfällig gemacht: es ist nicht länger haltbar und zerfällt in seine Bestandteile. Zweitens ist dieser Vorgang an einen Kampf der Repräsentanten der alten und der neuen Weltordnung geknüpft und wird damit aus der astronomisch-wissenschaftlichen in eine soziale Dimension gehoben: der Kampf zwischen Andrea und Cosmo ist ein Modell der zu fechtenden sozialen Kämpfe zwischen zwei Klassen und, in der gewaltsamen Lösung, der Revolution. Diese Übertragung auf den im gesamten Stück gezeigten Kampf zweier Klassen wiederum ist, drittens, eine Anweisung an den Zuschauer, von der im Stück vorgenommenen Konkretisierung und Personalisierung des Kampfes zwischen altem und neuem Weltbild zu abstrahieren und sie als Modell zu verstehen: als Modell seiner eigenen Epoche und ihrer gesellschaftlichen Verhältnisse.

Experiment

Brecht hat seine Dichtung als experimentell verstanden und die Produkte seiner schriftstellerischen Arbeit als Versuche, wie er sie ja auch für die Publikation betitelte. Als solche soll sie auch der Zuschauer begreifen: er soll die dem Experiment (= dem Stück) zugrundeliegende Hypothese (= gesellschaftliche Bewegungsgesetze) kennenlernen, den Aufbau und die Durchführung des Versuchs (= Konstruktion und Ablauf des Stückes) sorgfältig beobachten und das Ergebnis mit der Hypothese vergleichen. So entspricht Brechts Vorstellung von der Theater- und Zuschauerkunst „durchaus dem Muster physikalischer Experimente"[237], deren eines er im Galilei-Stück in der 9. Szene mit dem Versuch zu den schwimmenden Körpern szenisch realisiert. (Man beachte die antithetische Metaphorik: Galilei erforscht nicht die „Sonnenflekken", sondern die „Eisstückchen"!) Durch die Vorführung auf der Bühne „gewinnt das Experiment im Sinn des epischen Theaters eine ästhetische Qualität hinzu: das Zeigen wird gezeigt – nicht mehr als physikalischer, sondern als ästhetischer Vorgang."[238]

Kritik der Einfühlung

An zentraler Stelle im Stück hat Brecht in seinem Schauspiel eine Szene plaziert, die sich aus mehreren Gründen von den übrigen abhebt: sie ist rein dialogisch strukturiert, worauf Brecht im Szenentitel („Ein Gespräch") hinweist; mit dem kleinen Mönch stellt sie eine Figur in den Mittelpunkt, die mitten zwischen die zwei Weltordnungen geraten ist; und nicht zuletzt zeigt sie Galilei auf dem Höhepunkt seiner gesellschaftlichen Einsichtsfähigkeit. Über all dies hinaus ist aber bemerkenswert, daß Brecht an so exponierter Stelle einen Akt der Einfühlung und die Kritik daran als Teil der Dramenhandlung vorführt. Um das zu zeigen, müssen wir zunächst einen genaueren Blick auf die lange Rede des kleinen Mönchs werfen. Obwohl er ein Kind des wissenschaftlichen Zeitalters ist („Ich habe Mathematik studiert", „die Phasen der Venus beobachtend") (74f.), betrachtet er die Welt der Campagnabauern doch nicht aus der wissenschaftlichen, sondern aus der Perspektive der familiären und persönlichen Verbundenheit („Ich bin als Sohn von Bauern in der Campagna aufgewachsen") (75). Das karge und entbehrungsreiche Leben dieser Menschen läßt er dabei als großes Schauspiel vor seinem inneren Auge ablaufen. Wird dabei seine Distanz als Zuschauer zu Beginn der Rede sprachlich noch eindeutig markiert („[...] kann ich nun meine Eltern vor mir sehen", „[...] ich sehe genau ihre alten abgearbeiteten Hände und den kleinen Löffel darin") (75), so fehlen schon bald solche Hinweise. Zunehmend gibt der kleine Mönch die Distanz der Zuschauerposition auf, er wird selbst Teil des von ihm beobachteten und beschriebenen Welttheaters und fühlt sich langsam in dessen Protagonisten ein. Die Frage: „Was würden meine Leute sagen, wenn sie von mir erführen, daß sie sich auf einem kleinen Steinklumpen befinden [...]" (76) markiert die Aufgabe einer eigenständigen Perspektive zugunsten der Perspektive der Figuren seines Theaters. Dieser Einfühlungsakt mündet schließlich in die lange Reihe der rhetorischen Fragen, in denen nunmehr „seine Leute" nicht mehr in der dritten, sondern in der ersten Person selbst zu Wort kommen: „Es liegt also kein Auge auf uns, sagen sie. Wir müssen nach uns selber sehen, ungelehrt, alt und verbraucht, wie wir sind? Niemand hat uns eine Rolle zugedacht außer dieser irdischen, jämmerlichen auf einem winzigen Gestirn [...]" (76). Das Verständnis des kleinen Mönchs für das Dekret des Vatikans schließlich und seine gesamte Rede verraten auch seine aristotelische Haltung zu diesem Welttheater: bei seinem Anblick empfindet er Furcht und Mitleid und meint die Notwendigkeit der Seelengüte zu spüren. Noch die Funktion der Einfühlung als „Grundpfeiler der herrschenden Ästhetik" bildet Brecht in dieser Szene ab: der Einfühlungsakt des kleinen Mönchs führt dazu, daß er mit dem Dekret die Maßnahmen der Herrschenden gutheißt und damit die bestehenden Herrschaftsverhältnisse stabilisiert.

Allerdings: durch die bereits oben dargestellte verfremdende Sprechweise des kleinen Mönchs wird die aristotelische Einfühlung für den Zuschauer als solche durchschaubar. Den entscheidenden Schritt leistet aber Galilei, indem er die vom Mönch dargestellten Vorgänge historisiert: was im Theater des kleinen Mönchs als regelmäßiges Unglück und naturnotwendiger Kreislauf erscheint, ist in Wirklichkeit, so beweist er, veränderbar und dem Eingriff des Menschen unterworfen. Er entlarvt den verhüllenden Charakter des vom kleinen Mönch in epischer Form dargebotenen aristotelischen Welttheaters, indem er nach seiner Funktion fragt, nach dem „Warum", und gibt selbst die Antwort: „Damit der Stuhl Petri im Mittelpunkt der Erde stehen kann! Um das letztere handelt es sich. Sie haben recht, es handelt sich nicht um die Planeten, sondern um die Campagnabauern" (77). Wie es Brecht im *Arbeitsjournal* verlangt, werden so in der Sicht Galileis

> armut und dummheit nicht als gegebenheit behandelt, sondern in ihrer verknüpfung und beseitigbarkeit behandelt – und man hat das nichtaristotelische drama. das herrschende theater machte aus einem publikum von ingenieuren und revolutionären einfach ein theaterpublikum (von ästheten, passiven genießern). das neue aus theaterpublikum (aktiven genießern) ingenieure und revolutionäre. (AJ 3.4.1941, S. 187f.)

So geschieht es auch in Szene 8: am Ende der Szene hat sich der Mönch von einem passiven Beobachter zu einem aktiven, wißbegierigen Schüler Galileis gewandelt, zu einem aktiven Mitstreiter für das große Anliegen der neuen Zeit.

Produktion

Diesen Begriff untersucht Knopf (1980) vor allem unter dem Aspekt der Methode: Produktion vollziehe sich im Drama „kommunikativ und demonstrativ“[239], definiert Knopf und führt als Beleg im Drama an, was uns oben zur Erläuterung des Begriffes der planetarischen Demonstration diente. Eine inhaltliche Bestimmung des Begriffes der Produktion ist aber noch nachzuholen. In einer Notiz im *Arbeitsjournal* hält Brecht die Definition des Sozialismus als „große Ordnung“ für einen großen Irrtum und fährt fort:

> er ist hingegen viel praktischer als große produktion zu definieren. produktion muß natürlich im weitesten sinn genommen werden, und der kampf gilt der befreiung der produktivität aller menschen von allen fesseln. die produkte können sein brot, lampen, hüte, musikstücke, schachzüge, wässerung, teint, charakter, spiele usw usw. (AJ 7.3.1941, S. 185; Hervorhebung dort)

Ein Blick in das Stück zeigt, daß Galilei, solange er Held der Wissenschaft ist und nicht „sozialer Verräter“, in vorderster Reihe, historisch gewissermaßen an erster Stelle, mit „der Befreiung der Produktivität aller Menschen von allen Fesseln“ befaßt ist. Das ist die eigentliche Utopie des neuen Zeitalters in der 1. Szene: das alte Weltbild legt den Menschen und ihrer Erfindungsgabe, ihrer Entdeckerfreude und ihrem Wissensdrang künstliche Fesseln an, die abgestreift werden müssen. Dieser Akt der Befreiung ist der Kern vieler Metaphern in Galileis Begrüßung der neuen Zeit:

> Jetzt haben wir Mut gefaßt und lassen sie im Freien schweben, ohne Halt, und sie sind in großer Fahrt, gleich unseren Schiffen, ohne Halt und in großer Fahrt. (10)

Was auf die 1. Szene folgt, ist, als dramatische Aktion, Galileis Versuch, dieser Vorstellung von Produktion, der Entfesselung der Produktivität der Menschen, durch Arbeit an einem neuen Weltbild voranzuhelfen. Hierin trifft er sich mit dem Dichter Brecht:

nichts anderes versteht dieser als Bestimmung seiner Theaterkunst, und mit der gleichen großen Lust wie Galilei, so entnehmen wir es dem *Kleinen Organon,* betreibt er sein Geschäft:

> Es ist eine Lust unseres Zeitalters, das so viele und mannigfache Veränderungen der Natur bewerkstelligt, alles so zu begreifen, daß wir eingreifen können. Da ist viel im Menschen, sagen wir, da kann viel aus ihm gemacht werden. Wie er ist, muß er nicht bleiben; nicht nur, wie er ist, darf er betrachtet werden, sondern auch, wie er sein könnte. (GW 16, S.682)

Im Begriff der Produktion und in der 1. Szene schimmert so auch Brechts „nur mühsam gezügelte Hoffnung auf ein total befreites, unentfremdetes Leben durch“[240], in dem es dem Dichter eine Lust ist zu dichten, dem Forscher eine Lust zu forschen. Und wie der Dichter sich nach der guten Zeit sehnt, in der er „die grünen Boote und die lustigen Segel des Sundes“ besingen und der „Begeisterung über den blühenden Apfelbaum“ (*Schlechte Zeit für Lyrik,* GW 9, S.743 f.) Ausdruck verleihen darf, so mag es eine Zeit geben, in der das interesselose, voraussetzungsfreie Forschen möglich ist: die Epoche der nicht-entfremdeten, befreiten Gesellschaft. Das ist aber weder das Zeitalter Galileis noch das Brechts. Galileis Scheitern und Brechts Dichtung sind gleichermaßen Ausdruck einer nicht eingelösten Utopie.

Leben des Galilei, so zeigt der Blick auf die dramatisierten ästhetischen Kategorien, führt die „Auseinandersetzung mit dem ‚aristotelischen Theater‘ der Einfühlung mehr inhaltlich, denn formal“[241] und „setzt dadurch w e i t g e h e n d das Kriterium des Traditionellen und Konventionellen außer Kraft.“[242] Der vorgestellte Deutungsansatz, der vor allem hinsichtlich des zweiten Teils des Stückes noch mit einigen offenen Fragen verbunden ist, vermeidet die vordergründigen und spekulativen Ansätze der biographischen Deutungen, ohne die Affinität Brechts zur Hauptfigur leugnen zu müssen; und er relativiert die zahllosen Diskussionen um die Formprobleme des Stückes. Vor allem erklärt sich aber die zentrale Stellung des Stückes im Werk Brechts. Wenn hier seine ästhetischen Kategorien nicht theoretisch hergeleitet, sondern dramatisch in Aktion gesetzt sind, dann besteht die Kunst des Theaters im *Galilei* darin, die Kunst als Theater vorzustellen.

Unterrichtshilfen

1 Didaktische Aspekte

Es ist keine Frage, daß unsere Epoche, mehr als Brecht vielleicht je vermutet hat, ein „wissenschaftliches Zeitalter" genannt werden kann. Die Wissenschaften haben heute in Gestalt einer hochentwickelten Technologie alle Bereiche des täglichen Lebens durchdrungen. Mehr denn je stellt sich aber auch die Frage, ob die Wissenschaften tatsächlich die „Mühseligkeit der menschlichen Existenz [...] erleichtern" (125) oder ob sie sich – anderes Extrem – nicht vielmehr selbst in eine Mühsal verkehrt haben, die den Menschen zu einem Objekt der hochgezüchteten Maschinerie degradiert. Die Notwendigkeit einer solchen Problematisierung ist unmittelbar evident, wenn wir uns Brechts Position zu einer Frage vergegenwärtigen, an der sich heute die Geister scheiden: der Frage der friedlichen Nutzung der Atomenergie. Für Brecht war es keine Frage, daß die „umwälzende Entdeckung auf dem Gebiet der Atomzertrümmerung", die „eine neue, ungeheure Kraftquelle" (GW 15, S. 295 f.) bereitstellte, mit einem „Triumphgeschrei" zu empfangen wäre, wäre nur die kriegerische Nutzung ausgeschlossen. Sein auf Bacon und Galilei zurückgehendes Wissenschaftsverständnis mündete in der Überzeugung, daß prinzipiell „die Beherrschung der Natur zu einer Quelle des Glücks für die Menschheit" (GW 15, S. 295) werden könne. Gerade im *Galilei* werden sein grundsätzliches Vertrauen in die Vernunft und sein Fortschrittsoptimismus offenbar: der Sieg der Vernunft ist identisch mit dem Anbruch des neuen, freudig begrüßten Zeitalters. Der Gedanke, daß die Vernunft sich gegen den Menschen kehren, daß die Beherrschung der Natur auch ohne kriegerischen Mißbrauch „zu einer Quelle des Unglücks" für die Menschheit werden könnte, ist ihm fremd. Nicht den bei Horkheimer und Adorno beschriebenen Zustand, „in dem die Gewalt des Systems über die Menschen mit jedem Schritt wächst, der sie aus der Gewalt der Natur herausführt" und der „die Vernunft der vernünftigen Gesellschaft als obsolet [denunziert]"[243], findet Brecht, wie jene, absurd, sondern den Gedanken daran. Dem Zeitgenossen des ausgehenden 20. Jahrhunderts hingegen ist diese „Dialektik der Aufklärung" in Gestalt vielfacher, gar globaler Bedrohung und Zerstörung der Lebensbedingungen alltäglich gegenwärtig (wenn nicht persönlich, so doch medial vermittelt); für ihn ist „dem wissenschaftlich angeleiteten Fortschritt des Menschengeschlechts" nicht nur, wie es Brechts Perspektive entspricht, im Fall der militärischen Nutzung „der Rückschritt dialektisch zugesellt“[244], sondern gerade im Fall der breiten, friedlich-zivilen Nutzung; heute sind ganze Heere von Wissenschaftlern bereits damit beschäftigt, die Natur und die in ihr wirkenden großen und kleinen Kreisläufe zu erforschen, diesmal nicht, um sie dem Menschen zu unterwerfen, sondern um sie zu reparieren und gegen den Menschen wieder ins Recht zu setzen.

Der kurze Blick auf Wissenschaft und Gesellschaft im letzten Jahrzehnt des 20. Jahrhunderts zeigt, daß die aktuellen Rezeptionsbedingungen des *Galilei* seine Behandlung im Deutschunterricht nicht eben erleichtern. Denn einerseits ist dieses Stück nicht historisch erledigt in dem Sinne, daß es Fragen stellte, die unter heutigen Umständen nicht mehr relevant wären. Das Gegenteil ist der Fall. Andererseits gibt es auch keine einfache Übertragbarkeit der Art, daß es einfache Antworten auf die Fragen der heute lebenden Generationen bereithielte. Für seine Behandlung im Deutschunterricht läßt sich daraus ableiten, daß erstens die Brechtsche Auffassung von der Verbundenheit der Wissenschaften mit dem Volk und der Vorschlag einer ethischen Verpflichtung der Wissenschaften herausgearbeitet werden muß; zweitens ist durch einen Blick auf die Entstehungsbedingungen insbesondere der beiden letzten Fassungen des Stückes kritisch zu fragen, ob Brecht mit dieser Bearbeitung eines historischen Stoffes eine Stellungnahme zu aktuellen Fragen seiner Zeit gelungen ist; drittens ist vor dem Hintergrund der heutigen gesellschaftlichen Bedingungen wissenschaftlicher Arbeit zu diskutieren, ob das Stück Ansätze zur Beantwortung aktueller Fragestellungen bereithält.

Diese mehrfache Vermittlung des Stückes in die Gegenwart weist den *Galilei* zweifelsfrei als Oberstufenlektüre aus. Wenn er trotzdem, was möglich ist, in der Klasse 10 gelesen werden soll, wird man die Reflexion komplexer gesellschaftlicher Zusammenhänge zugunsten einfacherer Fragestellungen zurückstellen müssen, indem man von der mehrfachen historischen Brechung der Thematik weitgehend abstrahiert und aufgrund eines eher naiven Textverständnisses die Frage der sozialen Verantwortung des Wissenschaftlers in den Mittelpunkt stellt.

2
Didaktisch-methodische Literatur

Die anfängliche Beschäftigung mit *Leben des Galilei* in den didaktischen Fachzeitschriften ist in der Bundesrepublik wie in der (ehemaligen) DDR deutlich geprägt von ersten vorsichtigen Versuchen der Annäherung. Ihr Verdienst liegt denn auch im wesentlichen darin, auf die Eignung des Stückes für den Deutschunterricht hingewiesen zu haben. Als didaktische Anregungen sind sie hingegen, von Einzelaspekten wie der Erläuterung des geographischen oder historischen Hintergrunds bei Lucke (1968) z. B. abgesehen, heute kaum noch hilfreich und brauchen deshalb hier auch nicht näher betrachtet zu werden. Statt dessen sollen in Form kurzer Charakteristiken einige neuere Vorschläge zur Behandlung des Galilei-Dramas im Deutschunterricht vorgestellt werden.

Werner Zimmermanns Interpretation des *Galilei,* „Dramatik der Widersprüche“ untertitelt, enthält ein Kapitel mit didaktischen Anregungen.[245] Dort begründet er die Wahl des Schauspiels für den Deutschunterricht mit seinem exemplarischen Charakter als Modell des „dialektischen Theaters“[246], mit der hervorragenden Quellenlage hinsichtlich der Entstehungsgeschichte, mit der „einzigartige[n] Möglichkeit“ des Vergleichs von historischer und dramatischer Biographie, mit der Aktualität der Themen „Wissenschaft und Glaube“, „Wissenschaft und Wissenschaftler im totalitären Staat“ und „Wissenschaft und soziale Verantwortung im atomaren Zeitalter“ sowie mit dem reichhaltigen Material die Rezeption des Stückes betreffend. Die vorgeschlagenen Unterrichtsreihen, fünf an der Zahl, leiten sich thematisch unmittelbar aus den angeführten Begründungen ab und sind auf die nordrhein-westfälischen „Richtlinien für die gymnasiale Oberstufe – Deutsch“ von 1982 abgestimmt. Sie sind gut durchdacht und erläutert[247] und erscheinen allesamt für den Oberstufenunterricht praktikabel. Über allgemeine Erläuterungen zu den vorgestellten Unterrichtseinheiten hinaus hält Zimmermann einige knappe Hinweise zu Methodik bereit, jedoch keine ausgearbeitete Unterrichtsreihe.

Eine solche enthält das Interpretationsbändchen von Peter Beyersdorf und Martin Thunich.[248] Die von Thunich vorgeschlagene Unterrichtseinheit zum *Galilei* umfaßt neun Lerneinheiten und ist für die Sekundarstufe II konzipiert. Thunich beschreibt recht ausführlich den Verlauf der einzelnen Stunden und wartet auch mit einigen plausiblen Tafelanschrieben und -bildern auf, zur Gegenüberstellung von alter und neuer Zeit etwa oder zur Veranschaulichung der verschiedenen Perspektiven des kleinen Mönchs und Galileis in Szene 8. Das Problem scheint mir in der Gesamtkonzeption der Unterrichtsreihe zu liegen: sie versucht, die verschiedenen thematischen Aspekte anhand eines chronologischen Durchgangs durch das Drama abzuhandeln. Das ist auch prinzipiell nicht unmöglich, aber hier hat das z. B. zur Folge, daß das Drama in seiner Gesamtheit, etwa hinsichtlich seiner Fabel und seiner besonderen Struktur, überhaupt nicht in den Blick gerät, und des weiteren, daß die Hauptfigur erst ganz am Schluß, im Zusammenhang mit der Selbstverurteilung, genauer untersucht wird, während vorher schon dem Teleskop, den Campagnabauern oder dem Papst jeweils eine ganze Lerneinheit gewidmet wurde.

Schließlich ist noch auf einen 1988 von Edgar Neis vorgelegten Band[249] hinzuweisen, der im Untertitel das Brecht-Schauspiel eine „Tragödie der Wahrheitssuche" nennt, darauf aber im Innenteil nicht mehr zurückkommt, sondern dort statt dessen, ohne irgendeinen Blick auf den Text des Dramas selbst zu verschwenden, in den „didaktisch-methodischen Überlegungen" das Stück „eine Parabel vom Verhältnis von Geist und Ignoranz, von Freiheit und Zwang, von Wahrheit und Lüge"[250] nennt. Die Beliebigkeit der Etikettierungen spiegelt sich in den Vorschlägen für die auf zehn Stunden konzipierte Unterrichtseinheit wider. Die ersten vier Stunden sind historischen Fragen bis hin zum Vergleich der Bearbeitungen des historischen Stoffes in den drei Fassungen des Dramas gewidmet, die übrigen Stunden beschäftigen sich mit den Figuren und der „Problematik". Die konzeptionelle Willkür der Sequenz findet ihre Erklärung darin, daß zur Erläuterung der einzelnen Stunden durchweg einfach die Sekundärliteratur zum Thema referiert oder ausführlichst zitiert wird, die Stunden untereinander aber kaum einen Zusammenhang aufweisen. Die Materialien sind zum Teil sinnvoll für die unterrichtliche Behandlung, aber alle an anderer Stelle zugänglich, ihnen werden aber auch Inhaltsangaben der Szenen („nach Reclams-Schauspielführer"!) oder der Abdruck der Verse am Beginn der Szenen zugerechnet. Eine insgesamt nachlässige Machart (fehlende Quellenangaben, fehlende Kennzeichnung von Zitaten, fehlerhafte Zitate) unterstreicht den Eindruck, daß diese „Bausteine" (so der Titel der Reihe) für den Deutschlehrer unbrauchbar sind.

3
Unterrichtsreihen

Die unten vorgestellte Unterrichtssequenz ist so konzipiert, daß die Besprechung des Schauspiels *Leben des Galilei* als eigenständige Reihe im Deutschunterricht durchgeführt werden kann. In diesem Fall wird das eine oder andere Thema intensiver oder ausführlicher behandelt werden können, zusätzliche Stunden sind dann denkbar und werden unten vorgeschlagen. Oft wird der *Galilei* aber auch Bestandteil einer weiter ausgreifenden Unterrichtsreihe sein, die das Stück in größere Zusammenhänge stellt. Dazu sollen kurz einige Vorschläge skizziert werden.

1. Ethik und soziale Verantwortung der Wissenschaften im modernen Drama: Bertolt Brecht: *Leben des Galilei;* Friedrich Dürrenmatt: *Die Physiker;* Heinar Kipphardt: *In der Sache J. Robert Oppenheimer.* Dieser Klassiker unter den Unterrichtsreihen vergleicht Brechts Schauspiel mit zwei anderen sogenannten Physiker-Dramen. Insbesondere Dürrenmatts *Physiker* können als unmittelbare Antwort auf Brechts Stück und auf seinen Vorschlag eines „hippokratischen Eides" gelten, wie Hans Mayer in sei-

nem Aufsatz *Brecht und Dürrenmatt oder Die Zurücknahme* ausführlich nachgewiesen hat.[251] Kipphardts szenischer Bericht beruht ausdrücklich auf dokumentarischem Material des Oppenheimer-Prozesses und läuft auf eine ähnlich utopische Formel der Verantwortung des Wissenschaftlers hinaus wie Brechts *Galilei.* Die Stücke dürften so bekannt sein, daß wir hier nicht näher darauf einzugehen brauchen.[252]

2. Das Werk des Dramatikers Bertolt Brecht: *Baal, Die Maßnahme, Leben des Galilei.* Neben der Tatsache, daß z.B. der nordrhein-westfälische und der rheinland-pfälzische Lehrplan eine Unterrichtsreihe vorsehen, die einen Einblick in das Gesamtwerk eines Autors vermittelt, ist es für die Schüler von großem Reiz, einem Autor nicht bloß in einem mehr oder weniger repräsentativen Einzelwerk zu begegnen, sondern anhand zu unterschiedlichen Zeiten entstandener Texte die Entwicklung eines Autors über mehrere Jahrzehnte hinweg zu verfolgen. Obige Dramen wurden unter dem Gesichtspunkt der Repräsentativität für das Gesamtwerk (vgl. die heute allgemein anerkannte Drei-Phasen-Theorie[253]) und der Thematik „Individuum und Gesellschaft" ausgewählt. Die Unterrichtsreihe fördert sehr die eigenständige Auseinandersetzung mit dem Werk Brechts und regt die Schüler zu eigenen Urteilen an.[254]

3. *Leben des Galilei:* Entstehungs- und Wirkungsgeschichte eines Werkes. Im Mittelpunkt dieser Reihe steht ein Vergleich zwischen der dänischen und der Berliner Fassung anhand der Selbstverurteilungsszene, die im Materialienband[255] und in der neuen Werkausgabe (W 5) enthalten sind. Die ausführlichere Einbeziehung der zeitgeschichtlichen Umstände der Entstehung kann Aufschlüsse über Brechts Motive für die Bearbeitung und die veränderte Tendenzierung geben. Theaterkritiken[256], besonders der Inszenierung am Berliner Ensemble, können die Diskrepanz zwischen intendierter und tatsächlicher Wirkung verdeutlichen.

4. Drama und Geschichte im Vergleich: Brechts *Leben des Galilei* und der historische Galilei. Die Unterrichtsreihe soll Brechts Verständnis von Geschichte, seinen Begriff der Historisierung und seine Behandlung von Fragen der Gegenwart in Bearbeitung eines historischen Stoffes entwikkeln. Der Zugang kann über die Hauptfigur und Brechts Affinität zu ihr gesucht werden, so daß gleichzeitig der naturwissenschaftliche Ursprung der ästhetischen Kategorien Brechts sichtbar wird.

4 Unterrichtssequenz

Die Unterrichtssequenz ist auf ca. 10–12 Unterrichtsstunden im Grund- oder Leistungskurs der Oberstufe konzipiert. Natürlich kann durch Auslassung des einen oder anderen Themas oder durch Straffung die Zahl der Stunden bei Bedarf reduziert werden. Für eine ausführlichere Beschäftigung mit dem Werk im Unterricht, für ein Schülerreferat oder für die Bibliotheksarbeit bieten sich, neben anderen, noch die folgenden Themen an:

- eine detailliertere Entstehungsgeschichte des Stückes
- ein Überblick über Leben und Werk Brechts
- Brechts Theorie des episch-dialektischen Theaters
- eine genauere Untersuchung einzelner Nebenfiguren
- die Funktion der Verse in *Leben des Galilei*
- die ausführliche Analyse von Einzelszenen
- Wissenschaft und Religion in *Leben des Galilei*
- sprachliche Analyse einer Rede Galileis
- die Funktion der Szene 10

Die Themen der unten skizzierten Stunden beziehen sich jeweils eng auf die vorangegangene Analyse des Stückes; die zugehörgen Kapitel lassen sich problemlos auffinden, so daß wir für die einzelne Stunde nicht noch einmal gesondert darauf verweisen.

Verwendete Abkürzungen:

GA	= Gruppenarbeit	LV	= Lehrervortrag
GK	= Grundkurs	Ref	= Referat
HA	= Hausaufgabe	SV	= Schülervortrag
KRef	= Kurzreferat	TA	= Tafelanschrift
LK	= Leistungskurs	UG	= Unterrichtsgespräch

1. Stunde (GK nur Teilstunde, LK volle Stunde)

Gegenstand	Vorläufiges Verständnis des Dramas. GK: kombiniert mit Gegenstand der 2. Stunde
Didaktische Aspekte	Verbalisierung des Spontanverständnisses
Unterrichts-verlauf	freies UG, Artikulation sachlicher und historischer Unklarheiten
Methodische Hilfen/ Impulse	TA: Festhalten wichtiger, von den Schülern formulierter Aspekte
Hausaufgabe	Intensives Lesen der 1. Szene; Ref-Themen für die 3. Stunde: 1. Das ptolemäische, das kopernikanische und das heutige Weltbild 2. Die geographisch-politischen Verhältnisse im Italien des beginnenden 17. Jahrhunderts 3. Brechts materialistische Geschichtsauffassung (GK evtl. als LV) 4. Brechts Begriff des wissenschaftlichen Zeitalters (GK evtl. als LV)

2. Stunde (GK nur Teilstunde, LK volle Stunde)

Gegenstand	1. Szene. GK: kombiniert mit Gegenstand der 1. Stunde
Didaktische Aspekte	1. Szene als Exposition des Stückes (Hauptfigur, Zeitenwende, Andrea-Galilei-Beziehung, Arbeitsbedingungen des Wissenschaftlers, Ludovico-Figur, verschiedene Motive (Milch, Fernrohr etc.), zentrale „neue Zeit – alte Zeit“ – Antithetik)
Unterrichtsverlauf	UG: Sammlung der verschiedenen Aspekte der Exposition und TA; Arbeitsauftrag zur Stillarbeit: alte Zeit – neue Zeit; Sammeln der Ergebnisse (UG), TA
Methodische Hilfen/ Impulse	Fragen nach der Funktion verschiedener Textstellen (Kurator-, Ludovicobesuch etc.); Arbeitsauftrag: Welche Merkmale der alten, welche der neuen Zeit werden genannt? TA: *alte Zeit* – *neue Zeit* Astrolab – Stuhl-Demonstration Unbeweglichkeit – große Fahrt Schiffe an den Küsten entlang – Schiffe übers Meer Aberglaube, Glaube – Zweifel Bücher – selber sehn Gestirne an Kristallschalen glotzen – Gestirne ohne Halt sehen
Hausaufgabe	Die Darstellung des ptolemäischen und des kopernikanischen Weltbildes im Stück: Aufsuchen und Auswertung entsprechender Textstellen.

3. Stunde

Gegenstand	Das Zeitalter Galileis und Brechts materialistische Geschichtsauffassung
Didaktische Aspekte	Historische Zusammenhänge der Galilei-Zeit, Brechts Verständnis der Epoche, Modellhaftigkeit für das „wissenschaftliche Zeitalter“
Unterrichtsverlauf	1. SV (KRef) zum ptolemäischen, kopernikanischen und heutigen Weltbild 2. UG zur Funktion und Darstellung der konkurrierenden Weltbilder im Stück 3. SV (KRef) zur Klärung der geographisch-politischen Verhältnisse 4. UG zur Darstellung der politischen und der Machtverhältnisse im Stück; Klärung des Zusammenhangs zwischen Weltbild und politischer Situation

	5. SV (KRef) zu Brechts materialistischer Geschichtsauffassung (GK evtl. LV) 6. SV (KRef) zum Begriff des „wissenschaftlichen Zeitalters" (GK evtl. LV) 7. UG: Klärung des Modellcharakters der historischen Epoche und des Zusammenhangs mit Brechts Zeitalter (GK evtl. LV)
Methodische Hilfen/ Impulse	Einbeziehung der Szenenüberschriften; die folgenden Skizzen der drei Weltbilder als Handout oder Folie

Das ptolemäische Weltbild (um 140 n. Chr.)

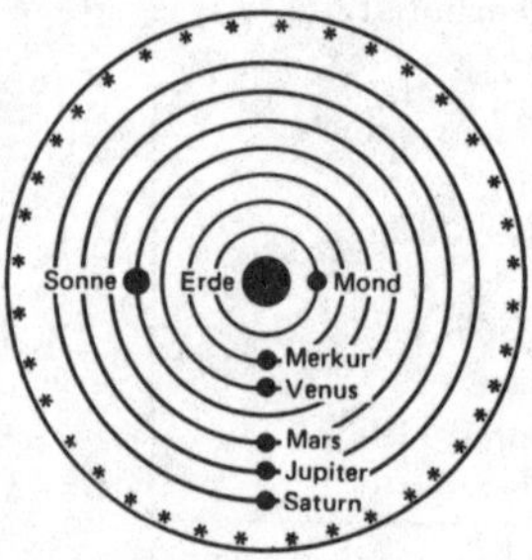

Das kopernikanische Weltbild (um 1600 n. Chr.)

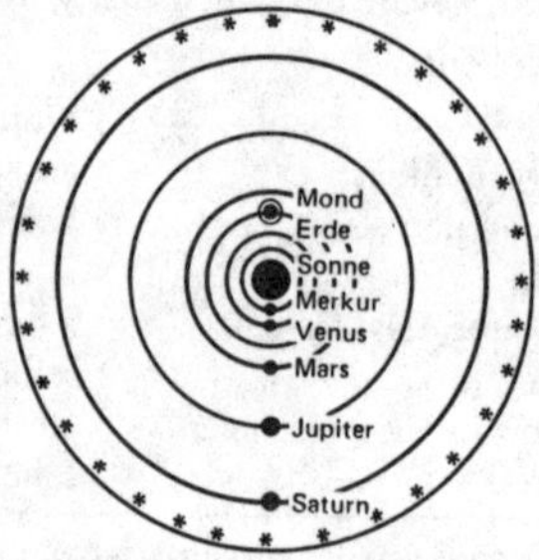

Das heutige Weltb

Hausaufgabe	Tabellarische Szenenübersicht zur Klärung des Handlungsablaufs: Zeit, Schauplatz, Konfiguration, Geschehen

4./5. Stunde (GK nur eine Stunde)

Gegenstand	Die Fabel und die Struktur des Stückes
Didaktische Aspekte	Rekonstruktion der Fabel und Durchleuchtung der Struktur des Stückes; Brechts Prinzip der Konstruktion einer Fabel zur Verhinderung der Einfühlung; Ähnlichkeiten mit dem herkömmlichen Fünf-Akt-Schema
Unterrichtsverlauf	UG: Gang der Handlung, verschiedene Handlungsstränge; Frage nach Strukturmerkmalen und Vergleichbarkeit mit konventionellem Drama; LV: Brechts Kritik des aristotelischen Theaters; Arbeitsauftrag zur GA; Sammlung der Ergebnisse
Methodische Hilfen/ Impulse	Arbeitsaufträge zur GA: 1. Das Verhältnis von Stückanfang und Stückschluß (Symmetrie) (nur LK) 2. Das Verhältnis der Szene 1 zur Szene 2 (dialektischer Wechsel: Enge – Weite) und der Szene 3 zur Szene 4

	(dialektischer Wechsel: Venedig – Florenz, Vernunftglaube – Scheitern der Vernunft etc.) 3. Szeneneinteilung gemäß Fünf-Akt-Schema (s.o. Kap. 6.2) 4. Binnenstruktur der Szene 12: These (Papst) – Antithese (Inquisitor) – Synthese (Lösung): dialektisches Prinzip (nur LK) 5. Binnenstruktur der Szene 13: Gliederung der Szene gemäß Fünf-Akt-Schema (s.o. Kap. 6.2) (nur LK) 6. Elemente des episch-dialektischen Theaters im Stück (s.o. Kap. 6.4) TA: Sammlung der Ergebnisse
Hausaufgabe	Intensive Lektüre der Szenen 8, 11, 13 und 14 unter dem Aspekt der Entwicklung der Hauptfigur

6. Stunde

Gegenstand	Die Hauptfigur
Didaktische Aspekte	Entwicklung der Hauptfigur vom sozialen und wissenschaftlichen „Helden“ zum „Verräter“ und „Verbrecher“
Unterrichtsverlauf	UG zu Entwicklung der Figur, zu den Gründen für den Widerruf, zur Selbstverurteilung; Arbeitsauftrag zur Stillarbeit zum Vergleich der Szenen 8 und 11; SV zur Sammlung der Ergebnisse; UG zur Bewertung des Verhaltens der Hauptfigur (Verräter, Verbrecher, Märtyrertum etc.)
Methodische Aspekte/ Impulse	Klärung der widersprüchlichen Struktur der Hauptfigur vor Erteilung des Arbeitsauftrages; Brecht-Äußerung über Galileis „Verbrechertum“ als Impuls für die Diskussion des Verhaltens Galileis
Hausaufgabe	Schriftliche Ausarbeitung: Darstellung der Hauptfigur und ihres Verhaltens (Gliederung möglicherweise gemeinsam vorbereiten). Der Begriff der Charakteristik wird mit Bedacht im Hinblick auf die nächste Stunde vermieden.

7. Stunde

Gegenstand	Die Figurenkonstellation des Stückes
Didaktische Aspekte	Brechts Konzeption der Figurengestaltung; Erarbeitung von Kriterien für die Zuordnung der Figuren des Stückes in einer Figurenkonstellation.
Unterrichtsverlauf	SV: schriftliche Ausarbeitung zur Figur Galileis; LV: Brechts Figurenkonzeption; UG: Kriterien für die Zuordnung der Figuren. Arbeitsauftrag: Zuordnung der Figuren des Stückes, Stillarbeit; Sammlung der Ergebnisse

Methodische Hilfen/ Impulse	TA: Kriterien für die Zuordnung – Distanz oder Nähe zu anderen Figuren – Konfiguration – Verhältnis zur Hauptfigur – Ähnlichkeit im Verhalten – Ähnlichkeit der Interessenlage – sozialer Status, Rang – Konflikte mit anderen Figuren – ideelle Gemeinsamkeit – Verhältnis zum alten/neuen Weltbild Sammlung der Ergebnisse. Tafelbild: s.o. Kap. 4.5, Abb. 1
Hausaufgabe	Schriftliche Ausarbeitung: Beschreibung der Figurenkonstellation des Stückes (LK: mit Herleitung und Begründung)

8./9. Stunde (GK nur eine Stunde)

Gegenstand	Wissenschaft und soziale Verantwortung
Didaktische Aspekte	Soziale Verantwortung und Ethik der Wissenschaften anhand der 14. Szene; Diskussion des Brechtschen Vorschlags eines „hippokratischen Eides" der Wissenschaftler unter Einbeziehung der Enstehungsbedingungen des Stückes
Unterrichtsverlauf	SV: Schriftliche Ausarbeitung zur Figurenkonstellation; gemeinsames Lesen der 14. Szene (ab dem Eintreffen Andreas) mit verteilten Rollen; UG: 1. Anfertigung der *Discorsi* 2. Andreas Position der voraussetzungslosen Wissenschaft 3. Galileis Selbstverurteilung 4. Galileis Position der sozialen Verantwortung und der Vorschlag des hippokratischen Eides; Diskussion des Galilei-Vorschlags. Nur LK: LV: Entstehungsbedingungen des Stückes; Textblatt: *Preis oder Verdammung des Galilei* (GW 17, S. 1108 f.); Studium des Brecht-Textes; UG: Selbstkommentierung des Autors, Intention des Dramas und tatsächliche Aussage des Dramas im Vergleich; auch GK: Diskussion der Situation der Wissenschaften heute.
Methodische Hilfen/ Impulse	Deutliche Abgrenzung der analytischen und der bewertenden Teile der Stunde; bei Schülerinteresse Planung einer weiteren Stunde, z. B. in Form einer Podiumsdiskussion mit vorbereiteten Statements
Hausaufgabe	LK: Schriftliche Erörterung: Erörtern Sie Galileis/Brechts Vorschlag eines hippokratischen Eides der Wissenschaftler. GK: Schriftliche Stellungnahme

10. Stunde

Gegenstand	Zentrale Bilder und Motive des Stückes
Didaktische Aspekte	Aufsuchen zentraler Bilder und Motive und Beschreibung ihrer Funktion (s. Kap. 7.3)
Unterrichts-verlauf	SV: Schriftliche Erörterung zur Frage eines hippokratischen Eides für Wissenschaftler; UG: Sammlung zentraler Bilder und Motive des Stückes; Arbeitsauftrag zur GA; Sammlung der Ergebnisse: SV
Methodische Hilfen/ Impulse	Auswahl einiger Bilder und Motive für die Untersuchung in Gruppenarbeit; Zahl der Gruppen entsprechend der Zahl der ausgewählten Bilder (GK drei zentrale Motive)
Hausaufgabe	Intensive Lektüre der letzten Szene; stichwortartige Vorbereitung einer Szenenanalyse

11. Stunde

Gegenstand	Exemplarische Analyse der 15. Szene
Didaktische Aspekte	Ziel der Analyse: Beschreibung der Funktion der gesamten Szene für die Struktur und die Gesamtaussage des Stückes
Unterrichts-verlauf	Gemeinsames Lesen der Szene mit verteilten Rollen; UG: Sammlung der verschiedenen Aspekte der Analyse; Arbeitsauftrag: Bearbeitung der Szene in Stillarbeit, Markierung am Text, Stichwort-Notizen; SV: Arbeitsergebnisse; UG: Gesamtverständnis und Funktion der Szene
Methodische Hilfen/ Impulse	Textkonstituenten und Konfiguration als Analyseaspekte (TA); Formulierung eines Gesamtverständnisses der Szene und Beschreibung ihrer Funktion im Stück als Ziel angeben (TA)
Hausaufgabe	Schriftliche Ausarbeitung: Fertigen Sie eine schriftliche Analyse der Szene 15 aus *Leben des Galilei* an. Formulieren Sie ein Gesamtverständnis der Szene und beschreiben Sie ihre Funktion im Drama.

Gegenstand	Kritische Betrachtung des Stücks und der Dramatik Brechts
Didaktische Aspekte	Abschließende Betrachtung des Dramas und Diskussion der ästhetischen und politischen Positionen Brechts
Unterrichts-verlauf	SV: Schriftliche HA; gemeinsame Besprechung der HA, Kritik, Verbesserungsvorschläge; UG: Bewertung des Stückes und der Dramatik Brechts sowie Diskussion interessierender Fragestellungen
Methodische Hilfen/ Impulse	Freies UG auch zu weiterführenden Fragestellungen wie Scheitern des Sozialismus in Osteuropa und der ehemaligen DDR
Hausaufgabe	Evtl. schriftliche Ausarbeitung: Schriftliche Analyse einer weiteren Szene oder eines Szenenteils

5 Klausurvorschläge

Analyse von Textstellen

LK:

1. Fertigen Sie eine Analyse der 2. Szene des Dramas an. Vergleichen Sie die beiden Reden Galileis und des Kurators, untersuchen Sie die Funktion des Fernrohrs in dieser Szene, und beschreiben Sie den Aufbau der Szene. Formulieren Sie ein Gesamtverständnis der Szene und beschreiben Sie ihre Funktion im Drama.
2. Untersuchen Sie die Andrea-Cosmo-Episode in der 4. Szene des Stückes. Beschreiben Sie den Aufbau dieser Episode, ihren Stellenwert in dieser Szene und ihre Bedeutung für das gesamte Drama unter Einbeziehung der Rolle Andreas und Cosmos im gesamten Stück.
3. Untersuchen Sie die 6. Szene des Dramas, und vergleichen Sie die Einstellung und das Verhalten der verschiedenen Figuren (außer Galilei) im Hinblick auf die Abschaffung des alten Weltbildes. Welche Bedeutung hat die Szene im Drama?
4. Untersuchen Sie das Motiv der Maskerade in Szene 7, und beschreiben Sie seine Bedeutung für die Szene sowie für die Gesamtaussage des Stückes.
5. Beschreiben Sie anhand der 8. Szene des Stückes die Situation, den Konflikt und die Wandlung des kleinen Mönchs. Stellen Sie Galileis Rolle in diesem Zusammenhang dar, und erläutern Sie die Funktion der Figur des kleinen Mönchs im Stück.

6. Fertigen Sie eine Analyse des Ludovico-Auftritts in Szene 9 an. Beschreiben Sie die Bedeutung des Auftritts im Hinblick auf die Figur Ludovicos, auf Galilei, auf die Schüler und hinsichtlich des Fortgangs der Handlung. Erläutern Sie anhand des Auftritts die Funktion der Ludovico-Figur im Drama.
7. Fertigen Sie eine Analyse der 12. Szene des Stückes an. Untersuchen Sie den Aufbau, die Sprache, die Metaphorik und die gestische Gestaltung, und erläutern Sie den thematischen Aspekt sowie den Beitrag zum Fortgang der Handlung. Beschreiben Sie Funktion und Stellung der Szene im Drama.

GK:

1. Untersuchen Sie den Auftritt des Kurators in der 1. Szene. Analysieren Sie den Auftritt hinsichtlich seiner Bedeutung für die Hauptfigur und des weiteren Gangs der Handlung. Skizzieren Sie kurz den Beitrag des Auftritts zur Aussage des Stückes.
2. Untersuchen Sie die Funktion des Fernrohrs in der 2. Szene hinsichtlich seines Beitrags zum Aufbau und zur Aussage der Szene.
3. Beschreiben Sie anhand der Andrea-Cosmo-Episode in der 4. Szene die Rolle Cosmos im Stück, und vergleichen Sie die Figur kurz mit der des Andrea.
4. Untersuchen Sie die Einstellung und das Verhalten des „sehr dünnen Mönchs“ und des „sehr alten Kardinals“ hinsichtlich der Abschaffung des alten Weltbildes, und erläutern Sie kurz den Beitrag der Figuren zur Szene und zum Stück.
5. Fertigen Sie anhand ihres Auftrittes in der 9. Szene eine Analyse der Ludovico-Figur an und beschreiben Sie kurz ihre Funktion im gesamten Stück.

Übergreifende Aufgabenstellungen

LK:

1. Stellen Sie das Verhältnis zwischen Andrea und Galilei im Drama dar, beschreiben Sie seine Entwicklung, und erläutern Sie die besondere Bedeutung der Figur des Andrea im Stück.
2. Untersuchen Sie das mit der Figur des Federzoni verknüpfte Problem der Gelehrtensprache. Beschreiben Sie die Bedeutung des Problems zusammen mit einer Analyse der Rolle Federzonis im Stück, und erläutern Sie die Funktion der Sprachen-Frage im *Galilei.*
3. Beschreiben Sie anhand seiner verschiedenen Auftritte die Figur des Inquisitors, und erläutern Sie seine Funktion im Stück.
4. Brecht hat einmal geäußert, daß der eigentliche Widerruf in der 11. Szene bei der Zurückweisung des Angebots Vannis zur Flucht-

hilfe stattfinde. Untersuchen Sie die Episode, erörtern Sie Brechts Einschätzung der Episode, und nehmen Sie zu Brechts These vom sozialen Verrat Galileis Stellung.

5. Stellen Sie anhand verschiedener Szenen des Stückes Galileis Vorstellung von einer neuen Wissenschaft dar. Erläutern Sie anhand konkreter Beispiele den Unterschied zwischen alter und neuer Wissenschaftsauffassung.
6. Untersuchen Sie anhand ihrer verschiedenen Auftritte im Stück die Figur der Frau Sarti, arbeiten Sie ihre besondere Rolle heraus, beschreiben Sie ihr Verhalten, und charakterisieren Sie sie. Beschreiben Sie ihre Funktion im Stück.

GK:

1. Beschreiben Sie die Figur des Andrea und ihre Entwicklung im Stück, und erläutern Sie ihre besondere Bedeutung für Brechts zentrale Aussagen.
2. Untersuchen Sie anhand der Figur des Federzoni die Frage der Gelehrtensprache im Stück und stellen Sie deren Bedeutung für Brechts Auffassung vom Verhältnis von Wissenschaft und Gesellschaft dar.
3. Stellen Sie anhand des Vanni-Auftritts in der 11. Szene Brechts Auffassung vom sozialen Verrat Galileis dar, und nehmen Sie zu dieser zentralen These Brechts Stellung.
4. Stellen Sie anhand der 1. Szene, aber auch durch Hinzuziehung anderer Textstellen Galileis und Brechts Auffassung von einer neuen Wissenschaft dar.

Anhang

Anmerkungen

[1] Zitate aus dem Werk Brechts werden wie folgt nachgewiesen:
AJ: Brecht, Bertolt (1974): Arbeitsjournal. 2 Bde. Frankfurt
GW 1–20: Brecht, Bertolt (1967): Gesammelte Werke in 20 Bänden. Frankfurt
W 5: Brecht, Bertolt (1988): Werke. Große kommentierte Berliner und Frankfurter Ausgabe. Bd. 5. Berlin, Weimar, Frankfurt a. M.
( ): Zahlen in Klammern im Anschluß an Zitate aus „Leben des Galilei" verweisen auf die Einzelausgabe: Bertolt Brecht ([50]1994): Leben des Galilei, Frankfurt

[2] Jendreiek (1969), S. 281.

[3] Blumenberg (1980), S. 83–131.

[4] Ebd., S. 28. Blumenberg benutzt diesen Begriff in der kritischen Auseinandersetzung mit Brechts Deutung des Vorgangs im Galilei-Stück, die er auch als „Tellurisierung" bezeichnet. Vgl. zu dieser Problematik auch Fölsing (1983), S. 292, und Schumacher (1964), S. 84 f.

[5] Fölsing (1983), S. 334 f.

[6] Übersetzt und herausgegeben von Emil Strauß, Leipzig 1891; repr. Stuttgart 1982. Der wissenschaftliche Gehalt des „Dialogo" wird genauer untersucht bei Klaus Fischer (1983), S. 150–180, und bei Fölsing (1983), S. 389–402. Zur Entwicklung des aristotelischen und kopernikanischen Weltbildes vgl. die vorzügliche Darstellung von Sexl (1984).

[7] Im Wortlaut bei Fischer (1983), S. 181 f. Fischer untersucht auch alle Anklagepunkte im einzelnen auf ihre Stichhaltigkeit (ebd., S. 182 ff.).

[8] Zum Wortlaut vgl. Szczesny (1966), S. 35, und Fölsing (1983), S. 424 f. Brecht geht von einer Fälschung aus (GW 17, S. 1111).

[9] Der Wortlaut des gesamten Widerrufs bei Fölsing (1983), S. 461 ff., und bei Hemleben (1969), S. 7 f.

[10] Fölsing (1983), S. 474. Eine ausführliche Darstellung der Mechanik der „Discorsi" gibt Fischer (1983), S. 76–85.

[11] Die Entwicklung des Verhältnisses von Naturwissenschaften und Kirche nach Galilei stellt Schumacher (1964), S. 173–196, dar, in einer Gesamtbewertung auch Fölsing (1983), S. 13–31.

[12] Vgl. Schumacher ([2]1968), S. 76 und S. 402.

[13] Brechts Anteilnahme an dem gesamten Vorgang findet ihren Ausdruck in einem „Entwurf für ein Braunbuch", in dem er „das weltgeschichtliche Duell zweier Gerichtshöfe: Leipzig gegen London" konzipiert (GW 20, S. 207 ff.), und in dem Fragment „Der Reichstagsbrand oder Hitler ‚rettet Europa'" (GW 20, S. 205 f.), aber auch in den Gedichten „Die Moritat vom Reichstagsbrand" und „Dimitroff" (GW 8, S. 408 ff. und 420 ff.).

[14] Zwar spricht Brecht selbst von „galileis dialogen", durch die er zu dieser Form „angestiftet" worden sei (AJ 12. 2. 1939, S. 28), so daß es sich theoretisch um den „Dialogo" handeln könnte, wie des öfteren angenommen wird; es ist aber zweifelhaft, ob Brecht ihn gekannt hat. Verbürgt ist hingegen sein Studium der „Discorsi". Vgl. Schumacher ([2]1968), S. 41, und W 5, S. 340.

[15] Zur ausführlichen Darstellung dieses Zusammenhangs im Brechtschen Denken sei auf folgende Literatur verwiesen: Reinhold Grimm (1961); unter dem Titel „Das Huhn des Francis Bacon“ auch in: Buck (Hrsg.) (^{2}1983), S. 67–83; Knopf (^{3}1987), Charbon (1974), S. 134 ff.; Knopf (1980), S. 381 ff. und S. 406 f.; Müller (Hrsg.) (1985), S. 210 f. Sehr interessant ist unter dem Aspekt des Erkenntnisinteresses und des „anthropozentrischen Weltbildes“ Brechts Dieckmann (1988).
[16] Vgl. Schumacher (^{2}1968), S. 18; M. Steffin wird von Brecht auch als Mitarbeiterin des Galilei-Stückes genannt („Leben des Galilei“, Einzelausgabe, S. 4).
[17] Zu Brechts Quellen vgl. Schumacher (^{2}1968), S. 40 ff., sowie Knopf (1980), S. 160 f., und den Kommentar in W 5, S. 339 ff.
[18] Brecht (1988) (= W 5). Die Editionsprinzipien werden erläutert von: Kähler et. al. (1988).
[19] Diese Angabe stützt sich auf Knopf (1980), S. 158. In der Literatur wird des öfteren davon ausgegangen, daß es sich um die 14. Szene der letzten Fassung handelt. Vgl. z. B. Müller (1981), S. 248.
[20] Vgl. z. B. eine der erfolgreichsten und verbreitetsten Brecht-Biographien von Kesting (1987), S. 91. Brecht selbst hat zu den Mißverständnissen beigetragen, indem er später in einer kleinen Vorbemerkung zum Abdruck in den „Versuchen“ diesen Zusammenhang herstellte. (Diese irreführende Bemerkung findet sich heute immer noch in der von uns benutzten Einzelausgabe; ebenso mißverständlich ist der dort zu findende Hinweis auf die Entstehungszeit 1938/39 in Dänemark, da der Einzelausgabe die Fassung von 1955/56 zugrundeliegt.) Zur Datierung vgl. im übrigen Charbon (1974), S. 123 ff.; Knopf (1980), S. 159; Mittenzwei (1987), Bd. 1, S. 655 ff.
[21] Die Keunos-Parabel stimmt fast wörtlich mit der bekannten Keuner-Geschichte „Maßnahmen gegen die Gewalt“ aus dem Jahre 1930 überein (GW 12, S. 375 f.).
[22] Charbon (1974), S. 116.
[23] Vgl. auch Brechts Gedicht „1940“, bes. die Strophen II und III (GW 9, S. 817 ff.).
[24] In einer Anmerkung zum Stück schließt sich Brecht ausdrücklich Galileis Analyse an: „In der kalifornischen Fassung […] bricht Galilei die Lobeshymnen seines Schülers ab und beweist ihm, daß der Widerruf ein Verbrechen war und durch das Werk, so wichtig es sein mochte, nicht aufgewogen. Wenn es jemanden interessieren sollte: Dies ist auch das Urteil des Stückschreibers.“ (GW 17, S. 1133).
[25] Brief an Peter Suhrkamp, Mat. II, S. 44. Der Brief legt nahe, daß Brecht eine „Galilei“-Inszenierung ohne seine Mitwirkung ablehnte.
[26] Vgl. Völker (^{3}1978), S. 128.
[27] Pressekritiken dieser Aufführung referieren Schumacher (^{2}1968), S. 303 ff., und W 5, S. 380 ff. Friedrich Lufts Besprechung bei Wyss (Hrsg.) (1977), S. 242 ff.
[28] Vgl. Brechts Kommentar zur Verteidigungsschrift Oppenheimers in AJ 8. 7. 1954, S. 602.
[29] Mit weniger Weitsicht freilich lastet Brecht die Entwicklung einseitig den USA an. Die neuen Waffen interpretiert er als Reaktion auf die Gefährdung des kapitalistischen Systems durch die russische und chinesische Revolution (GW 20, S. 339).
[30] Zit. Schrader (1988), S. 199.
[31] Ebd.

[32] Ebd.
[33] Schumacher ([2]1968), S. 60.
[34] Es ist notwendig, dies hervorzuheben, da in der Sekundärliteratur oft die angebliche historische Exaktheit der ersten Fassung gegen die „Verfälschungen" der späteren ausgespielt wird. Stellvertretend für diese Position sei hier auf Szczesnys polemische Betrachtung der Entstehungsgeschichte verwiesen (1986), z. B. S. 63. Dieser Band ist die Neuausgabe von Szczesny (1966), was aber ärgerlicherweise nur aus einem „Drucknachweis" hervorgeht. Die in Szczesny (1966) so wertvolle Wiedergabe von Teilen früherer Textfassungen des „Galilei" fehlt jetzt, die Abhandlung selbst ist nur unwesentlich und ohne Berücksichtigung der neueren Literatur verändert.
[35] Mat. II, S. 98.
[36] Schumacher ([2]1968), S. 163. Eine Bemerkung Brechts zeigt, daß ihm die Unterschiedlichkeit der Entwicklung in Italien und den nördlichen Ländern nicht unbekannt war (GW 17, S. 1133).
[37] Die beiden Begriffe finden sich bei Charbon (1974), S. 139.
[38] Vgl. ebd., S. 135.
[39] Das scheint mit der Beobachtung zu korrespondieren, daß sich auch Brechts Sicht der Wirkungsmöglichkeiten des Theaters verändert: hielt er anfangs noch über den Zuschauer ein unmittelbares Eingreifen in die Wirklichkeit für denkbar, so scheint er später eher um die Veränderung des Zuschauers und dessen Erkenntnis der Wirklichkeit bemüht zu sein. Vgl. dazu Fischer (1989), hier besonders S. 191 ff.
[40] Es versteht sich, daß viele Interpreten in Galileis Selbstverurteilung am Schluß einen solchen „Leitartikel" erblicken und folglich diese Brecht-Notiz gegen die ästhetische Qualität des „Galilei" ins Feld führen.
[41] Vgl. dazu seine Bemerkung im Nachtrag zum „Kleinen Organon" in GW 16, S. 706.
[42] Hinck ([6]1977), S. 22.
[43] Rülicke (1957), hier S. 281 f. Mit geringfügigen Abweichungen auch in Mat. I, S. 93–154, hier S. 107. Der leichteren Zugänglichkeit wegen beziehen sich im folgenden die Seitenangaben zu Rülicke auf diesen Materialienband.
[44] An dieser Stelle ist hinzuweisen auf die verdienstvolle, wenngleich wenig beachtete Arbeit von Kästner (1968).
[45] Mat. II, S. 88.
[46] Ebd.
[47] Ebd., S. 61. Hervorhebung dort.
[48] Vgl. auch Brechts Notat zu Laughtons Gestaltung dieser Szene in Mat. II, S. 99 f.
[49] Mittenzwei (1976), S. 294.
[50] Kästner (1968), S. 149.
[51] Charbon (1974), S. 97, sieht darin, daß er „die Wechselwirkung von Lust an der Wissenschaft und Lebensgenuß (das Baalische in Galilei) als Ursache sowohl der positiven wie der negativen Züge des Helden fruchtbar machte", den entscheidenden „Kunstgriff, mit dem Brecht den Galilei von 1938 zu dem der dritten Fassung verwandelte."
[52] Zimmermann (1985), S. 66.
[53] Buck (1983), S. 131.
[54] Schumacher ([2]1968), S. 289.

[55] Zimmermann (1985) konstatiert zwar eine „dialektische Verknüpfung von geistigem und sinnlichem Genuß", erklärt sie aber nicht als zwei Seiten einer Sache, so daß schließlich Begriffe wie der von der „eigentümlichen Verschmelzung" oder der „Grundspannung von Denken und Genießen" (S. 67) herhalten müssen. Das ist umso gravierender, als Zimmermann auch eine Menge anderer Gegensatzpaare auf diese „Grundspannung" zurückführt und den Anspruch erhebt, die „Dialektik als zentrales Strukturprinzip" (S. 42) des Stückes zu beschreiben.

[56] Kästner (1968), S. 150.

[57] Vgl. auch eine entsprechende Bemerkung Brechts zu Laughtons Galilei (Szene 8): „Er berief sich auf seinen unbezwinglichen Forschungstrieb, wie ein ertappter Sexualverbrecher sich auf seine Drüsen berufen mag" (Mat. II, S. 96).

[58] Esslin (1962), S. 351. Aus solcherart Deutung leitet Esslin seine fragwürdige These her, daß Brecht mit der Verurteilung Galileis das Triebhafte in sich selbst bekämpft und der Vernunft Geltung verschaffen will.

[59] Mat. I, S. 153.

[60] Weil es sich um ein Glaubensbekenntnis handelt, hebt Schumacher ([2]1968), S. 62, den „metaphysischen Charakter" dieses Vernunftsbegriffs hervor. Für Knust (1985) und ([4]1987) ist Galilei „als weltlicher Messias der Vernunft gegen ein Gottesbild des Aberglaubens und der Machtpolitik konzipiert." Knust ([4]1987), S. 66.

[61] Knopf (1980), S. 162 (im Original kursiv).

[62] Ebd.

[63] So Brecht laut Rülicke während der Proben in Berlin. Mat. I, S. 107.

[64] Brecht im „Arbeitsjournal": g[alilei] kann dem aussprechen der wahrheit so wenig widerstehen wie dem verschlingen eines lockenden gerichts, es ist ihm ein sinnlicher genuß." (AJ 6. 4. 1944, S. 411)

[65] Jendreiek (1969), S. 267.

[66] Sautermeister (1984), S. 133.

[67] Ebd.

[68] Ebd., Hervorhebungen dort.

[69] Ebd.

[70] Mat. II, S. 116.

[71] Blumenberg (1980), S. 23.

[72] Ebd., S. 28. Fontenelles „Entretiens sur la Pluralité des Mondes" zählt laut Blumenberg zu den Lieblingsbüchern der Aufklärung. Vgl. ebd., S. 28 ff.

[73] Brecht laut Rülicke während der Proben in Berlin. Mat. I, S. 108.

[74] Ebd.

[75] Mat. II, S. 98.

[76] Vgl. ebd., S. 101.

[77] Brecht sagt: „Das Verbrechen hat ihn zum Verbrecher gemacht. Er gefällt sich in Gedanken an die G r ö ß e seines Verbrechens. [...] Galilei wirft ihm [Andrea – W. H.], wie einem ausgehungerten und lahmen Wolf einen Brocken, die logische wissenschaftliche Analyse des Galilei-Phänomens hin." (GW 17, S. 1129 f., Hervorhebung dort). Vgl. auch Rülickes Probennotat, Mat. I, S. 120.

[78] Vgl. Brechts Anmerkung in GW 17, S. 1133.

[79] Mat. II, S. 98.

[80] Ebd., S. 102.

[81] Sautermeister (1984), S. 146.

[82] Ebd., S. 148; vgl. auch Zimmermann (1985), S. 75.

[83] Mat. I, S. 123.
[84] Sautermeister (1984), S. 146.
[85] Vgl. Brechts Bemerkungen dazu in Mat. II, S. 97 f.
[86] Ebd., S. 97.
[87] Auf die Gesamtproblematik wird in Kapitel 5.3 noch näher eingegangen.
[88] Backes (1981), S. 132 f.
[89] Sautermeister (1984), S. 151.
[90] Ebd.
[91] Ebd.
[92] Ebd., S. 152.
[93] Schumacher (²1968), S. 291. Er sieht die gesamte Figur dialektisch strukturiert und arbeitet ein umfangreiches Bündel dialektischer Umschläge heraus. Bei näherem Hinsehen erweist sich freilich mancher von ihnen als Wortspiel. Vgl. ebd., S. 291 f.
[94] „Aufbau einer Rolle/Laughtons Galilei". Mat. II, S. 103.
[95] Schumacher (²1968), S. 292.
[96] Jendreiek (1969), S. 267.
[97] Ebd.
[98] Ebd.
[99] Sautermeister (1984), S. 151, sieht in der Gestalt der Virginia deshalb „eine Anklage gegen den subjektfeindlichen Prozeß der Geschichte – und gegen den Dramatiker, der ihr darin ungerührt nur eine sachliche Funktion zuerkennen wollte."
[100] So charakterisiert ihn Brecht während der Proben. Mat. I, S. 118 und S. 121.
[101] Schumacher (²1968), S. 291.
[102] Vgl. die Briefe an Schauspieler in Mat. I, S. 88 f., und die Briefe 842–845 in Brecht (1981).
[103] Zum Nachweis der einzelnen Bibelzitate vgl. W 5, S. 422.
[104] Darauf hat wohl zuerst Jendreiek (1969), S. 274, hingewiesen. Vgl. auch Knust (1985), S. 216 f.
[105] Jendreiek (1969), S. 274.
[106] Ebd., S. 275.
[107] Mat. II, S. 117.
[108] Jendreiek (1969), S. 271.
[109] Schumacher (²1968), S. 159.
[110] „Aufbau einer Rolle/Laughtons Galilei". Mat. II, S. 107.
[111] Jendreiek (1969), S. 259.
[112] Ebd.
[113] Ebd.
[114] Natürlich ist die Szene allein schon durch die große Zahl der Motive, die sie wieder aufgreift, auch Rückschau und damit fast klassischer Dramenschluß. Eine Auflistung wiederaufgenommener Motive enthält Knust (⁴1987), S. 46 f.
[115] So denkt auch Charbon (1974), S. 147. Anderer Meinung ist Jendreiek (1969), S. 267, der wie Zimmermann (1985), S. 97 f., meint, daß Andrea mit seinen abschließenden Worten „auch sein künftiges Wirken unter dieses Gebot" der voraussetzungslosen, wertfreien Wissenschaft stellt. Beide interpretieren den Schluß damit eher als pessimistischen Ausblick Brechts.
[116] Schumacher (²1968), S. 160; Hervorhebung dort.
[117] Ebd., Hervorhebung dort.

118 Mat. II, S. 98.
119 Ebd., S. 101.
120 Charbon (1974), S. 103.
121 Schumacher (²1968), S. 294.
122 Brecht benutzt den Begriff z. B. im „Messingkauf", GW 16, S. 550.
123 Vgl. dazu AJ S. 246, 272 ff., 278 f.; außerdem Schumacher (²1968), S. 138; Knopf (³1987), S. 169 ff., und Irrlitz (1986), S. 14 ff.
124 Schumacher (²1968), S. 171.
125 Dieckmann (1988), S. 217.
126 Vgl. „Me-ti/Buch der Wendungen": „Die Große Methode ist eine Lehre von der Bewegung der Massen. Die Einheiten werden als Teilchen von Massen oder selber als Massen behandelt [...]," (GW 12, S. 547 Hervorhebung dort).
127 Grimm (1987), S. 115. Die Konfiguration selbst ist als Matrix dargestellt auf S. 114.
128 Auch als Regisseur, so hat es den Anschein, hat Brecht an seinem physikalischen „Feld"-Begriff festgehalten. Backes (1981), S. 126, meint aus den Entwürfen Nehers für die Berliner Aufführung ersehen zu können, „daß der ‚Bühnenraum' eher einem grob skizzierten Feld ähnelt, daß hier, ähnlich wie bei einer Landkarte, Koordinaten eines Handlungsfeldes vorgegeben und nicht etwa geschlossene optische Illusionsräume angestrebt werden." Abbildungen von Neher-Entwürfen ebd., S. 127, in Mat. I, S. 87, und bei Schumacher (²1968), o. S.
129 Blumenberg (1980), S. 28.
130 Sautermeister (1984), S. 153.
131 Ebd.
132 Knust (⁴1987), S. 66.
133 Knopf (1980), S. 163.
134 Zu anderen Aspekten des Fernrohr-Motivs im Stück, etwa dem der militärischen Nutzung, vgl. unten Kapitel 7.3.
135 Vgl. Brechts Anmerkung zur 7. Szene in Mat. II, S. 68.
136 Vgl. z. B. Friedrich Lufts Besprechung der Inszenierung. In: Wyss (Hrsg.) (1977), S. 242–244.
137 So unterstellt es z. B. Szczesny (1986), S. 92, der die Kirche der Galilei-Zeit mit dem „ZK der KPD und SED" zu Lebzeiten Brechts vergleicht; ähnlich – mit Bezug auf Szczesny (1966) – Zimmermann (1985), S. 94.
138 Knopf (1980), S. 163; bis „[...] forschen kann" im Original kursiv.
139 Zur Situation der amerikanischen Kernforscher vgl. Schumacher (²1968), S. 177 ff.
140 Zu den „Gewissensbissen der Kernforscher" vgl. ebd., S. 180 ff., und Charbon (1974), S. 142 ff.
141 Charbon (1974), S. 144.
142 Ebd., S. 145.
143 Hermand (1975), S. 15.
144 Mayer (⁵1975), S. 56–83.
145 Schumacher (²1968), S. 190.
146 Ebd.
147 Mayer (⁵1975), S. 61.
148 Ebd., S. 83.
149 Zit. Schumacher (²1968), S. 43.

[150] Dieckmann (1988), S. 223.
[151] Ebd.
[152] Vgl. dazu Irrlitz (1986), S. 19 f., und Dieckmann (1988), S. 223 ff.
[153] Sautermeister (1984), alles S. 144 f.
[154] Ebd., S. 145.
[155] Mayer (⁵1975), S. 63.
[156] Ebd., S. 81.
[157] Charbon (1974), S. 130.
[158] Brecht selbst verstand es so. Vgl. GW 16, S. 8 der Anmerkungen.
[159] Wir müssen uns hier mit dieser knappen Definition begnügen, gleichzeitig aber darauf hinweisen, daß Brechts Verhältnis zu Aristoteles sehr unterschiedlich eingeschätzt wird; Knopf (1980), S. 385, ist der Ansicht, daß die „antiaristotelische Dramatik" nicht gegen Aristoteles selbst und seine Poetik gerichtet ist, während Hans Mayer (1986) schreibt: „Er lehnte nicht bloß die Poetik des Aristoteles ab, oder dessen Physik, sondern vor allem seine Politik" (S. 38). Entscheidend ist, daß der Begriff nicht zu eng gefaßt und das auf Aristoteles' Tragödienbegriff zurückgehende Theater damit erfaßt wird: „Im Aristoteles werden zugleich seine angeblichen oder wirklichen Nachfahren in der deutschen Klassik gemeint. Wenn Brecht von ‚deutscher Misere' spricht, meint er die klassische deutsche – aristotelische – Kunst und Kunstauffassung als Ausdruck dieser Misere, verkrüppelter und unzulänglicher deutscher Zustände." (Ebd., S. 39). Vgl. dazu auch Hinck (⁶1977), S. 16 f.
[160] Hinck (⁶1977), S. 30.
[161] In einem Brief an den Maler und Zeichner Hans Tombrock, der graphische Blätter zum „Galilei" anfertigen sollte. Mat. II, S. 44. (Brief 418 in: Brecht 1981).
[162] Müller (1981), S. 248.
[163] Ebd.
[164] Schumacher (³1987), Mat. II, S. 190.
[165] Müller (1981), S. 248.
[166] Schumacher (³1987), Mat. II, S. 192.
[167] Ebd.
[168] Sie ist photographisch reproduziert bei Schumacher (²1968), o. S. (gegenüber S. 129).
[169] Dieckmann (1988), S. 217. Hier findet sich jedoch kein ausgearbeitetes Schema, sondern nur noch der Hinweis auf die Bilder 6–8 als dritten Akt und auf die peripetisch in Szene 7 einsetzende Krise.
[170] Schumacher (³1987), Mat. II, S. 191.
[171] Kästner (1968), S. 65 ff. Schumacher (²1968), S. 288, deutet eine ähnliche Struktur an. Vgl. auch, mit Bezug auf Kästner, Grimm (1987), S. 184 ff., der außerdem verfremdende Elemente berücksichtigt, die die klassische Form durchbrechen.
[172] Schumacher (³1987), Mat. II, S. 193.
[173] Ebd., S. 195.
[174] Mat. II, S. 85.
[175] Vgl. GW 16, S. 923.
[176] Vgl. ebd., S. 925 f.
[177] Vgl. Poser (⁴1988).
[178] Vgl. Schumacher (²1968), S. 157.
[179] Ebd.
[180] Ebd.

[181] Jendreiek (1969), S. 290 ff., sammelt bei einem Durchgang durch das Stück eine große Zahl von impliziten Kommentaren.
[182] Müller (1981), S. 252.
[183] Zur Quelle vgl. W 5, S. 390.
[184] Zum Wortlaut des gesamten Widerrufs vgl. W 5, S. 406 f.
[185] Brecht seinerseits hat sich im Wortlaut von Bacons „Novum Organon" „anstiften" lassen, wo er die Wendung „So daß der Dichter sagt [...]" findet. Bei Bacon folgt hier ein Auszug aus einem Lukrez-Gedicht. Vgl. W 5, S. 384.
[186] Knopf (1980), S. 176. Übrigens muß hier Sautermeister widersprochen werden: in dieser Textpassage wird von Galilei, dem Wissenschaftler, die Notwendigkeit eines ästhetischen „Welt-Bildes" postuliert, während Sautermeister mit Bezug auf die Beschreibung der Vollkommenheit des aristotelischen Weltbildes durch den Philosophen (46) feststellt: „Dem Natur- und Kunstschönen blieb im ‚Galilei' nur ein konservativ-zweideutiger Fürsprecher in Gestalt eines anti-wissenschaftlichen Gelehrten." Sautermeister (1984), S. 156.
[187] Vgl. Kästner (1968), S. 77 ff.
[188] Zit. Schumacher ([2]1968), S. 286.
[189] Die bei Schumacher ([2]1968), S. 286 f., angeführten Beispiele genügen m. E. nicht unbedingt alle dem Anspruch der Symmetrie; sie sind einfache Parallelen, derer es eine Unmenge im Stück gibt.
[190] Nägele (1971) folgt einem strukturalistischen Ansatz.
[191] Ebd., S. 87.
[192] Nägele vergleicht alle parallelisierten Szenen ausführlich.
[193] Wir verweisen hier auf die umfassende Untersuchung von Pohl (1969).
[194] Mat. II, S. 107.
[195] Ebd., S. 107 f.
[196] Mat. I, S. 93–154.
[197] Mat. II, S. 112–121.
[198] Schumacher ([2]1968), S. 297.
[199] Zur Ironie der zitierten Passage merkte Brecht in der Probe an (Rülicke, Mat. I, S. 118): „Das ist doch nicht seine Meinung, zum Teufel, aber man kann ihn nicht fassen. In solchen Sätzen ist es nicht der Sinn, sondern die Zusammenstellung: Theologie und Teigwarenverkäufer."
[200] Mittenzwei ([3]1987), S. 213.
[201] Mittenzwei (ebd., S. 210 ff.) gibt durch Hinzuziehung eines frühen Entwurfs für die Arsenal-Szene ein Beispiel für die schrittweise Ablösung der Dramensprache vom historischen Vorbild.
[202] Zit. W 5, S. 428; Hervorhebung dort.
[203] Pohl (1969), S. 120.
[204] Ebd., S. 119.
[205] Zu Brechts Sokrates-Rezeption vgl. Irrlitz (1986), S. 23 ff.
[206] Pohl (1969), S. 128.
[207] Pohl widmet dem „da" im „Galilei" einen kleinen Exkurs (ebd., S. 124 ff.).
[208] Knust (1985), passim, erwähnt eine Vielzahl auch sprachlicher Parallelen zwischen dem Stück und der Bibel.
[209] Pohl (1969), S. 58 f.
[210] Esslin (1962), S. 156.
[211] Die bisher detaillierteste Untersuchung hierzu hat wohl Grimm (1987) mit ei-

nem Durchgang durch alle Szenen vorgelegt. Eine weitere große Untersuchung zum Gesamtwerk Brechts von Frey (1988) schenkt dem Stück keine Aufmerksamkeit, sondern erklärt es schlichtweg für „bildarm" (ebd., S. 190).

212 Schumacher (^{2}1968), S. 295 f.

213 Frey (1988), S. 190. Vgl. dazu auch Zimmermann (1985), S. 62 f. Eine gründliche Untersuchung der „Milch"-„Buch"-Symbolik der ersten Szene legt auch Grimm (1987), S. 102 ff., vor. Ein erster Hinweis auf die „Milch"-„Buch"-Antithetik findet sich bereits bei Hafen (1961), S. 72 f.

214 Dieckmann (1988), S. 216.

215 Knopf (1980), S. 175 f., und Knopf (^{3}1987), S. 175 ff.

216 Vgl. dazu Brechts sehr illustrative Erläuterung der Haltung der Hofgelehrten, die Hecht in einem Auszug aus dem Probenprotokoll mitteilt. Mat. II, S. 116 f.

217 Knopf (1980), S. 176.

218 Blumenberg (1980), S. 16.

219 Sautermeister (1984), S. 135.

220 Ebd., S. 136.

221 Die Fragen, denen wir hier nicht im einzelnen nachgehen können, kreisen im wesentlichen darum, ob das Stück als Geschichtsdrama, Parabel, Lehrstück oder Tragödie zu verstehen ist. Wir erinnern noch einmal an die Arbeiten Schumachers (^{2}1968), bes. S. 247 ff.; Müller (^{2}1972), bes. S. 209 f.; Müller (1981), Müller (Hrsg.) (1985), S. 273 ff.; Buck (1983). Hinzuweisen ist auch noch auf eine ausführliche Untersuchung des Stücks bei Kaufmann (1962), bes. S. 172 ff., der den Tragödiencharakter des Stückes betont.

222 Ein abschreckendes Beispiel einer psychoanalytischen Deutung des Autors durch vorgebliche Interpretation des Werks bietet Szczesny (1966) und (1986). Vgl. Szczesny (1986), bes. S. 78 ff. (S. 78: „Der Fall Brecht läßt sich nur psychologisch klären."); Esslin (1962) sieht in Brechts Lob der Vernunft eine Rationalisierung seines triebhaften und instinktbeherrschten Wesens; Brinkmann (o. J.), S. 51 ff., sieht in der Figur des Galilei eine einfache Spiegelung des Marxisten Brecht; Lucke (1968), S. 81 f., vergleicht Galileis Widerruf mit dem Verhalten Brechts vor dem amerikanischen Untersuchungsausschuß, seine Übersiedlung nach Florenz mit Brechts Entscheidung für die DDR; Ekman (1969) sieht in dem Stück einen propagandistischen Trick, durch Bearbeitung eines historischen Stoffes den Kommunismus mit Fortschritt gleichzusetzen und über seine Inhumanität hinwegzutäuschen. Jüngst hat die biographisch-psychoanalytische Deutung bei Dieckmann (1988) eine Renaissance erfahren: in der Gestalt des Physikers identifiziere Brecht sich auf mehrfach gebrochene Weise mit den „Verurteilten, sich Selbst-Verurteilenden der Prozesse" in Moskau im Jahre 1938 (S. 219) im Bewußtsein der ständigen Gefahr, wie jene „aus der Reihe" zu treten.

223 Vgl. z. B. Beyersdorf und Tunich (^{3}1985), die sich besonders in der Deutung der Hauptfigur (S. 51 ff.) sehr stark auf Szczesny (1966) beziehen, und Neis (1988), S. 52 f., der den Ansatz bei Lucke (1968) zur Grundlage der Unterrichtsplanung macht.

224 Müller (1981), S. 247.

225 Ebd.

226 Sautermeister (1984), S. 127.

227 Charbon (1974), S. 159.

228 Sautermeister (1984), S. 126.

[229] Ebd., S. 125.
[230] Knopf (1980), S. 174 ff.
[231] Sautermeister (1984), S. 126 ff.
[232] Ebd., S. 127.
[233] Müller (1981), S. 247.
[234] Vgl. GW 15, S. 279.
[235] Knopf (1980), S. 175.
[236] Zum Symbolcharakter des Kampfes zwischen „Rotkopf und Dummkopf" vgl. Grimm (1987), S. 133 ff.
[237] Knopf (1980), S. 175.
[238] Ebd.
[239] Ebd.
[240] Hermand (1975). S. 24.
[241] Knopf (1980), S. 174.
[242] Sautermeister (1984), S. 125; Hervorhebung dort.
[243] Horkheimer und Adorno ([10]1984), S. 38.
[244] Sautermeister (1984), S. 136.
[245] Zimmermann (1985), S. 119 ff.
[246] Ebd. S. 120, ebenso die folgenden Zitate.
[247] Ebd., S. 121 ff.
[248] Beyersdorf und Thunich ([3]1985).
[249] Neis (1988).
[250] Ebd.
[251] Vgl. oben Kap. 5.3.
[252] Vgl. dazu die Oldenbourg-Interpretationen von Oskar Keller ([6]1988): Friedrich Dürrenmatt: „Die Physiker". München, und Ferdinand Fasse (1988): Heinar Kipphardt: „In der Sache J. Robert Oppenheimer". München.
[253] Vgl. Knopf (1980), S. 412.
[254] Wir verweisen für den Zweck dieser Reihe auf die Sonderausgabe aller Stücke Brechts: ([6]1987), in der außerdem die theoretischen Texte „Vergnügungstheater oder Lehrtheater?" und „Über experimentelles Theater" enthalten sind, so daß auch andere Stücke und die theoretischen Texte einbezogen werden können.
[255] Mat. II, S. 9–31.
[256] Kritiken im Wortlaut bei Wyss (Hrsg.) (1977), S. 234 ff.; bei Knust ([4]1987), S. 75 ff.; teils im Wortlaut, teils referiert bei Schumacher ([2]1968), S. 122 ff., S. 198 ff., S. 218 ff., S. 278 ff. und S. 298 ff.

Literaturverzeichnis

Primärliteratur

Brecht, Bertolt ([50]1994): Leben des Galilei. Frankfurt (zit.: Seitenzahlen in Klammern)

– (1967): Gesammelte Werke. 20 Bde. Frankfurt (zit. als GW)

– (1988): Werke. Große kommentierte Berliner und Frankfurter Ausgabe. Werner Hecht, Jan Knopf, Werner Mittenzwei, Klaus-Detlef Müller (Hrsg.). Bd. 5: Stücke 5: Leben des Galilei (Fassung 1938/39), Galileo (English Adaptation 1947), Leben des Galilei (Fassung 1955/56). Berlin, Weimar, Frankfurt a. M. (zit. als W 5)

– ([6]1987): Die Stücke von Bertolt Brecht in einem Band. Frankfurt

– (1974): Arbeitsjournal. 2 Bde. Frankfurt (zit. als AJ)

– (1981): Briefe. 2 Bde. G. Glaser (Hrsg.). Frankfurt

Sekundärliteratur

Materialien

Aufbau einer Rolle. Galilei. Heft 1: Brecht: Aufbau einer Rolle. Laughtons Galilei. Heft 2: Hanns Eisler: Aufbau einer Rolle. Buschs Galilei. Beilage: Bertolt Brecht: Leben des Galilei. Berlin 1956 („Laughtons Galilei" auch in: Mat. I, S. 40–80, und in Mat. II, S. 77–111. Hanns Eisler: Vorwort zu „Buschs Galilei" in: Mat. II, S. 127 f.)

Hecht, Werner (Hrsg.) ([17]1988): Materialien zu Brechts „Leben des Galilei". Frankfurt (zit. als Mat. I)

– (Hrsg.) ([3]1987): Brechts „Leben des Galilei". Materialien. Frankfurt (zit. als Mat. II)

Zu Leben und Werk Brechts

Backes, Dirk (1981): Die erste Kunst ist die Beobachtungskunst. Bertolt Brecht und der Sozialistische Realismus. Berlin

Bock, Stephan (1979): Brecht, Bertolt. Auswahl- und Ergänzungsbibliographie. Bochum

Buck, Theo (Hrsg.) ([2]1983): Zu Bertolt Brecht. Parabel und episches Theater. Stuttgart

Ekman, Bjoern (1969): Gesellschaft und Gewissen. Die sozialen und moralischen Anschauungen Bertolt Brechts und ihre Bedeutung für seine Dichtung. Kopenhagen

Esslin, Martin (1962): Brecht. Das Paradox des politischen Dichters. Frankfurt, Bonn

Ewen, Frederic (1970): Bertolt Brecht. Sein Leben, sein Werk, seine Zeit. Hamburg, Düsseldorf

Fischer, Matthias-Johannes (1989): Brechts Theatertheorie. Forschungsgeschichte – Forschungsstand – Perspektiven. Frankfurt, Bern, New York, Paris

Frey, Daniel (1988): Rosen in finsteren Zeiten. Zur politischen Bildlichkeit bei Bertolt Brecht. Bern, Frankfurt, New York, Paris

Grimm, Reinhold ([3]1971): Bertolt Brecht. Stuttgart

– ([6]1972): Bertolt Brecht. Die Struktur seines Werkes. Nürnberg

– (1961): Vom Novum Organum zum Kleinen Organon. Gedanken zur Verfremdung. In: Das Ärgernis Brecht, S. 45–70. Basel, Stuttgart
Hecht, Werner (Hrsg.) (1986): Brechts Theorie des Theaters. Frankfurt
Hermand, Jost (1975): Utopisches bei Brecht. In: John Fuegi u. a. (Hrsg.) (1975): Brecht-Jahrbuch 1974. Frankfurt, S. 9–33
Hinck, Walter (⁶1977): Die Dramaturgie des späten Brecht. Göttingen
Hinderer, Walter (Hrsg.) (1984): Brechts Dramen. Neue Interpretationen. Stuttgart
Horkheimer, Max und Adorno, Theodor W. (¹⁰1984): Dialektik der Aufklärung. Philosophische Fragmente. Frankfurt
Irrlitz, Gerd (1986): Philosophiegeschichtliche Quellen Brechts. In: Hecht (Hrsg.) (1986), S. 11–31
Jendreiek, Helmut (1969): Bertolt Brecht. Drama der Veränderung. Düsseldorf
Kähler, H., Nössig, M., Rosenberg, J., Schebera, J., Schrader, B. (1988): Fünf von dreißig Bänden. Weimarer Beiträge, 34. Jg., Heft 2, S. 181–198
Kaufmann, Hans (1962): Bertolt Brecht. Geschichtsdrama und Parabelstück. Berlin
Kesting, Marianne (1987): Bertolt Brecht mit Selbstzeugnissen und Bilddokumenten. Hamburg
Klotz, Volker (⁵1980): Bertolt Brecht. Versuch über das Werk. Bad Homburg
Knopf, Jan (1974): Bertolt Brecht. Ein kritischer Forschungsbericht. Fragwürdiges in der Brecht-Forschung. Frankfurt
– (1980): Brecht-Handbuch Theater. Stuttgart
Mayer, Hans (1986): Anti-Aristoteles. In: Hecht (Hrsg.) (1986), S. 32–42
Mayer, Hans (1965): Bertolt Brecht und die Tradition. München
– (⁵1975): Anmerkungen zu Brecht. Frankfurt
Mittenzwei, Werner (1976): Bertolt Brecht. Von der „Maßnahme“ zu „Leben des Galilei“. Berlin
– (1973): Brechts Verhältnis zur Tradition. Berlin
– (1987): Das Leben des Bertolt Brecht oder Der Umgang mit den Welträtseln. 2 Bde. Frankfurt
Müller, Klaus-Detlef (Hrsg.) (1985): Bertolt Brecht. Epoche – Werk – Wirkung. München
– (²1972): Die Funktion der Geschichte im Werk Bertolt Brechts. Studien zum Verhältnis von Marxismus und Ästhetik. Tübingen
Nubel, Walter (1957): Bertolt Brecht-Bibliographie. In: Sinn und Form. 2. Sonderheft Bertolt Brecht, S. 479–623. Berlin
Petersen, Klaus-Dietrich (1968): Bertolt-Brecht-Bibliographie. Bad Homburg, Berlin, Zürich
Pohl, Rainer (1969): Strukturelemente und Entwicklung von Pathosformen in der Dramensprache Bertolt Brechts. Bonn
Poser, Therese (⁴1988): Bertolt Brecht: Der kaukasische Kreidekreis. München
Rischbieter, Henning (³1970): Bertolt Brecht. 2 Bde. Velber
Rülicke-Weiler, Käthe (1966): Die Dramaturgie Brechts. Theater als Mittel der Veränderung. Berlin
Sauer, Michael (1984): Brecht in der Schule. Beiträge zu einer Rezeptionsgeschichte Brechts (1949–1980). Stuttgart
Schumacher, Ernst und Renate (1978): Leben Brechts in Wort und Bild. Berlin

Seidel, Gerhard (1975): Bibliographie Bertolt Brecht. Titelverzeichnis Bd. 1. Berlin, Weimar

Sokel, Walter H.: (³1981): Figur – Handlung– Perspektive. Die Dramentheorie Bertolt Brechts. In: Reinhold Grimm (Hrsg.) (³1981): Deutsche Dramentheorie. Bd. 2, S. 208–231, Wiesbaden

Völker, Klaus (³1978): Brecht-Chronik. Daten zu Leben und Werk. München

– (1988): Bertolt Brecht. Eine Biographie. Reinbek

Wyss, Monika (Hrsg.) (1977): Brecht in der Kritik. Rezensionen aller Brecht-Uraufführungen sowie ausgewählter deutsch- und fremdsprachiger Premieren. Eine Dokumentation von Monika Wyss mit einführenden und verbindenden Texten von Helmut Kindler. München

Zu „Leben des Galilei“

Beyersdorf, Peter und Thunich, Michael (³1985): Bertolt Brecht. „Leben des Galilei“. Interpretation und unterrichtspraktische Vorschläge. Hollfeld

Blumenberg, Hans (1980): Das Fernrohr und die Ohnmacht der Wahrheit. In: Galileo Galilei: Sidereus Nuncius (Nachricht von neuen Sternen). Dialog über die Weltsysteme (Auswahl). Vermessung der Hölle Dantes. Marginalien zu Tasso. Ders. (Hrsg.), S. 7–75. Frankfurt

Brinkmann, Karl (o. J.): Erläuterungen zu Bertolt Brechts „Leben des Galilei“. Hollfeld, 5. Aufl.

Buck, Theo (1983): Dialektisches Drama, dialektisches Theater. Anmerkungen zu Brechts „Leben des Galilei“. In: Buck (Hrsg.) (²1983), S. 127–139

Charbon, Rémy (1974): Die Naturwissenschaften im modernen deutschen Drama. München

Dieckmann, Friedrich (1988): „Galilei“-Komplikationen. Weimarer Beiträge, 34. Jg., Heft 2, 213–229

Eversberg, Gerd (1984): Erläuterungen zu Bertolt Brecht „Leben des Galilei“. Hollfeld

Fischer, Gudrun (1960): Brechts „Leben des Galilei“. Versuche zur Behandlung in Klasse 12. Deutschunterricht (Berlin), 13. Jg., Heft 3, 149–158

Fischer, Klaus (1983): Galileo Galilei. München

Fölsing, Albrecht (1983): Galileo Galilei – Prozeß ohne Ende. Eine Biographie. München

Galilei, Galileo (1982): Dialog über die beiden hauptsächlichen Weltsysteme: das ptolemäische und das kopernikanische. Leipzig 1891, repr. Stuttgart 1982

– (1964): Unterredungen und mathematische Demonstrationen über zwei neue Wissenszweige, die Mechanik und die Fallgesetze betreffend. A. v. Oettingen (Hrsg.). Leipzig 1890 ff., repr. Darmstadt 1964

Grimm, Roderich (1987): Verfremdung in Bertolt Brechts „Leben des Galilei“. Frankfurt, Bern, New York, Paris

Hafen, Hans (1961): Bertolt Brecht. „Leben des Galilei“. DU, 13. Jg., Heft 4, 71–92

Hahnengreß, Karl-Heinz (1988): Lektürehilfen Bert Brecht „Leben des Galilei“. Stuttgart

Hecht, Werner (³1987): Brecht probiert „Leben des Galilei“. In: Mat. II, S. 112–121

Hemleben, Johannes (1969): Galileo Galilei mit Selbstzeugnissen und Bilddokumenten. Reinbek

Hoy, Hans (1973): Szenenübersicht zu Brechts „Leben des Galilei". Deutschunterricht (Berlin), 26. Jg., 79–86

Kästner, Helga (1968): Brechts „Leben des Galilei". Zur Charakterdarstellung im epischen Theater. München

Knopf, Jan (³1987): Bertolt Brecht und die Naturwissenschaften. In: Mat. II, S. 163–188

Knust, Herbert (⁴1987): Bertolt Brecht: „Leben des Galilei". Frankfurt

– (1985): Brechts Galileo-Evangelium. Euphorion, 79. Jg., Heft 2, 207–225

Kraemer, Hans-Alfred (1959): Brechts „Leben des Galilei". Versuch einer Interpretation für die Schule. Deutschunterricht (Berlin), 12. Jg., Heft 5, 262–293

Lucke, Hans (1968): Schulpraktischer Kommentar zu Brechts „Leben des Galilei". DU, 20. Jg., Heft 3, 67–84

Massberg, Uwe (1965): Der gespaltene Mensch. Vergleichende Interpretation der Physiker-Dramen von Brecht, Dürrenmatt, Zuckmayer und Kipphardt auf der Oberstufe. DU, 17. Jg., Heft 6, 56–74

Mayer, Hans (⁵1975): Brecht und Dürrenmatt oder Die Zurücknahme. In: ders. (⁵1975), S. 56–83

Mittenzwei, Werner (³1987): Gestaltungsprobleme des sozialistischen Realismus in „Leben des Galilei". In: Mat. II, S. 204–216

Müller, Klaus-Detlef (1981): Bertolt Brechts „Leben des Galilei". In: Walter Hinck (Hrsg.) (1981): Geschichte als Schauspiel. Deutsche Geschichtsdramen. Interpretationen, S. 240–253, Frankfurt

Nägele, Rainer (1971): Zur Struktur von Brechts „Leben des Galilei". DU, 23. Jg., Heft 1, 86–99

Neis, Edgar (1988): Bertolt Brecht. „Leben des Galilei". Die Tragödie der Wahrheitssuche. Hollfeld

Rohrmoser, Günter (²1960): Brecht. Das Leben des Galilei. In: Das deutsche Drama. Vom Barock bis zur Gegenwart. Interpretationen. Benno von Wiese (Hrsg.), Bd. 2, S. 401–414. Düsseldorf

Rülicke, Käthe (1957): „Leben des Galilei". Bemerkungen zur Schlußszene. In: Sinn und Form. 2. Sonderheft Bertolt Brecht, S. 269–321. Berlin. Auch in: Mat. I, S. 93–154

Sautermeister, Gert (1984): Zweifelskunst, abgebrochene Dialektik, blinde Stellen: „Leben des Galilei" (3. Fassung 1955). In: Hinderer (Hrsg.) (1984), S. 125–161

Schrader, Bärbel (1988): Brechts „Leben des Galilei" – Entstehung und Wandlung eines Werkes für das Theater der Zeit. Weimarer Beiträge, 34. Jg., Heft 2, S. 199–212

Schumacher, Ernst (³1977): Bertolt Brecht. „Leben des Galilei". In: Das deutsche Drama vom Expressionismus bis zur Gegenwart. Interpretationen. Manfred Brauneck (Hrsg.), S. 195–208. Bamberg

– (1964): Der Fall Galilei. Das Drama der Wissenschaft. Darmstadt

– (²1968): Drama und Geschichte. Bertolt Brechts „Leben des Galilei" und andere Stücke. Berlin

– (³1987) und (¹⁷1988): Form und Einfühlung. In: Mat. I, S. 155–172, und Mat. II, S. 189–203

Sexl, Roman U. (1984): Was die Welt zusammenhält. Physik auf der Suche nach dem Bauplan der Natur. Frankfurt, Berlin, Wien

Szczesny, Gerhard (1966): Das Leben des Galilei und der Fall Bertolt Brecht. Frankfurt

– (1986): Bertolt Brechts „Leben des Galilei“ – Dichtung und Wirklichkeit. Bonn

Zimmermann, Werner (1985): Bertolt Brecht. „Leben des Galilei“. Dramatik der Widersprüche. Paderborn, München, Wien, Zürich

– ([2]1970): Brechts „Leben des Galilei“. Interpretation und didaktische Analyse. Düsseldorf (Beihefte zur Zeitschrift Wirkendes Wort)

Zeittafel zu Leben und Werk Brechts

1898	10. Februar: als Sohn des Prokuristen Berthold Friedrich Brecht und seiner Frau Sofie geboren.
1914	Erste Gedichte und Kurzgeschichten in den „Augsburger Neuesten Nachrichten".
1917	Notabitur und Kriegsdiensthelfer. Immatrikulation an der Universität München.
1918	Medizinstudium in München. *Baal* (1. Fassung). Kriegsdienst in einem Augsburger Lazarett, Mitglied des Augsburger Arbeiter- und Soldatenrates.
1919	Fortsetzung des Medizinstudiums.
1920	Theaterkritiken für den Augsburger „Volkswillen". *Trommeln in der Nacht.*
1922	Aufführungen von *Trommeln in der Nacht* (Berlin und München). Veröffentlichung des *Baal.* Heirat mit Marianne Zoff. Kleist-Preis.
1923	Uraufführung von *Im Dickicht der Städte* in München. Geburt der Tochter Hanne Hiob.
1924	Übersiedlung nach Berlin. Uraufführung von *Leben Eduards des Zweiten von England* in München. Geburt von Brechts und Helene Weigels Sohn Stefan.
1926	Uraufführung von *Mann ist Mann.* Erste Marx-Lektüre.
1927	Mit Kurt Weill Songspiel *Mahagonny.* Scheidung von Marianne Zoff.
1928	Uraufführung der *Dreigroschenoper* im Theater am Schiffbauerdamm in Berlin.
1929	Uraufführung *Der Flug der Lindberghs* und *Badener Lehrstück vom Einverständnis.* Heirat mit Helene Weigel.
1930	Uraufführung von *Aufstieg und Fall der Stadt Mahagonny* und der *Maßnahme. Der Jasager und der Neinsager.* Geburt der Tochter Barbara.
1931	Inszenierung von *Mann ist Mann* in Berlin. Drehbuch *Kuhle Wampe. Die Mutter. Die heilige Johanna der Schlachthöfe.*
1932	Freundschaft mit Margarete Steffin.
1933	Am Tag nach dem Reichstagsbrand Flucht nach Prag mit Helene Weigel und Sohn Stefan. Über Wien und Zürich nach Paris, Zwischenaufenthalt, Übersiedlung nach Dänemark (Skovbostrand bei Svendborg). Bekanntschaft mit Ruth Berlau. Uraufführung *Die sieben Todsünden der Kleinbürger* in Paris.
1934	*Dreigroschenroman. Die Rundköpfe und die Spitzköpfe.*
1935	Reise nach Moskau. Internationaler Schriftstellerkongreß in Paris.
1936	Mitherausgeber der Exilzeitschrift *Das Wort.*
1937	Internationaler Schriftstellerkongreß in Paris. *Die Gewehre der Frau Carrar.*
1938	*Furcht und Elend des Dritten Reiches.* 23.11.: Abschluß der ersten Niederschrift des *Galilei* unter dem Titel *Die Erde bewegt sich.* Arbeit am *Messingkauf.*

1939 Übersiedlung nach Schweden. Vortrag *Über experimentelles Theater. Mutter Courage und ihre Kinder. Das Verhör des Lukullus.*

1940 Flucht nach Finnland. *Der gute Mensch von Sezuan* und *Herr Puntila und sein Knecht Matti.*

1941 Reise im Sibirienexpreß über Moskau nach Wladiwostok, Nachricht vom Tod Margarete Steffins. Überfahrt nach Kalifornien, Wohnsitz in Santa Monica. *Der aufhaltsame Aufstieg des Arturo Ui.*

1943 Aufenthalt bei Ruth Berlau in New York. *Schweyk im zweiten Weltkrieg.* 9.9.: Uraufführung von *Leben des Galilei* in Zürich (Regie: Leonhard Steckel).

1944 Dezember: Beginn der Zusammenarbeit mit Charles Laughton. *Der kaukasische Kreidekreis.*

1945 Bis Februar und ab August Arbeit am *Galilei* mit Laughton. 1.12.: Fertigstellung des amerikanischen *Galileo.*

1947 Aufführung des *Galileo* in Beverly Hills. Verhör vor dem „Committee of Unamerican Activities", Abreise nach Paris, Aufenthalt in Zürich.

1948 Arbeit am *Kleinen Organon für das Theater.* Übersiedlung nach Ost-Berlin.

1949 Mit Helene Weigel Gründung des Berliner Ensembles. *Die Tage der Commune.*

1950 Theaterarbeit, Bearbeitung *Der Hofmeister.*

1951 Oper *Die Verurteilung des Lukullus.*

1953 *Buckower Elegien. Turandot oder der Kongreß der Weißwäscher.* Beginn der Rückübersetzung des *Galileo* unter Mitarbeit von Benno Besson und Elisabeth Hauptmann.

1955 Publikation der letzten Fassung von *Leben des Galilei* in *Versuche 19,* Heft 14. 16.4.: Erste deutsche Aufführung des *Galilei* in Köln (Regie: Friedrich Siems). November bis März 1956 Proben am Berliner Ensemble für die Aufführung des *Galilei.*

1956 Unterbrechung der Probenarbeit im März. Tod am 14. August.

1957 15.1.: Aufführung des *Galilei* am Berliner Ensemble, Regie: Erich Engel; Hauptrolle Ernst Busch.